保健授業の挑戦

——学びの創造とデザイン——

七木田文彦——著

大修館書店

刊行に寄せて

佐藤　学（日本教育学会元会長）

本書は、保健の授業に携わっている教師たちの必読書であり、学びの革新を求めている教師たちのすべてにお読みいただきたいお奨めの書である。本書の魅力は、保健の授業を中心にしつつ、これからの教師に求められる学びのヴィジョンを示し、その具体的な授業の様相を理論と実践の往還にもとづいて活写していることにある。これだけ説得的で、しかも内省され熟慮された言葉で授業と学びの世界を描出しているベースには、七木田さんの授業観察と教師との協同研究の豊富な蓄積がある。教師と授業研究者にとって最も必要なものは「実践的見識（叡智）」(practical wisdom）である。「実践的見識」は経験と知識と理論と哲学のアマルガム(融合)であるが、その「実践的見識」が本書のあらゆる箇所で輝きを放っている。

七木田さんと最初に出会ったのは25年前、彼が東京大学大学院教育学研究科への進学を決意し、保健教育の歴史研究に進むか、実践研究に進むかを迷って、相談を受けた時のことである。歴史研究と実践研究の「二足の草鞋」を履いてきた私は、あれかこれかではなく、歴史研究を学問的基礎としつつ、授業研究も並行して進めることを提案した。その助言どおり七木田さんは、大学院進学以降「二足の草鞋」の研究をまっとうして、10年前に『健康教育教科「保健科」成立の政策形成―均質的健康空間の生成―』（博士論文、学術出版会）を上梓し、今回、彼の実践研究を集大成する本書を出版された。その偉業に賛辞を贈りたい。七木田さんは、教育にも研究にも真摯に対峙するもの静かな研究者であり、教室の出来事のディテールから学ぶことのできる研究者である。その誠実な研究姿勢が「二足の草鞋」の研究という至難の道のりを支えてきたのだと思う。

本書の意義は、保健授業という、ともすれば学校教育の影の一角に置かれがちな授業に焦点をあてた研究であることにある。保健の学びは身体のケアの知識と技法の学びであり、医学、保健学、看護学、福祉学、生理学、社会医療、精神医学など多岐にわたる総合的内容の学びであり、健康で安全で安心して生活するうえで誰もが習得すべき学びである。決してカリキュラムの片隅に置かれるものではなく、雨の日に体育の代替で学ばれるべきものでもない。自己と他者のケアは、学校カリキュラムの中核に位置づけるべき教育内容である。しかし、保健の教科書は雑多な知識の羅列であり、保健の授業は教師の解説に終始しがちであり、子どもの学びは知識の理解と記憶に終始しがちである。そこに決定的に欠けているのは「学び」であろう。教師が教えたからと言って、子どもが学んでいるわけではないし、知識を覚えたからと言って、学びが成立しているわけでもない。本書は、保健の授業に横たわっているこの根本問題から出発し、これからの授業と学びのあり方に迫っている。

*

本書の魅力の一つは「21世紀型の学び」を保健授業のヴィジョンとして掲げ、その実践において追求すべき事柄を事例に即して豊富に叙述していることにある。なぜ「21世紀型の学び」の創造を本書は中心に設定しているのだろうか。そのことを補足的に述べておこう。伝統的な授業と学びの様式（一斉授業）は、どの国においても19世紀後半に成立した。一斉授業は、卒業者の大半が単純労働者（農民、工場労働者、兵士）になる時代に授業と学びを効率的かつ安上がりに実現する様式であった。その時代において教師は「教える専門家」であり、「トーク・チョーク・アンド・ジョーク」と揶揄されたように、教師はチョークを持つ手と長々と話す口で授業を行い、生徒はひたすらノートをとって理解し記憶する学びを行っていた。この伝統的な授業の様式は、1989年のベルリンの壁の崩壊以後、有効性を失って消滅しつつある。グローバリゼーションによって単純労働は激減して労働の大半が知的で協同的な労働へと変化したからである。その結果この30年間、世界各国の授業と学びはイノベーションによって静かな革命を遂行してきた。20年遅れではあるが、日本においてもアクティブ・ラーニング（主体的・対話的で深い学び）が学びのイノベーションとして進展している。

「21世紀型の学び」への移行において、教師は「教える専門家」から「学びの専門家」へと転換した。本書に紹介されている教師たちは、もはや口とチョークで授業を行ってはいない。プラン（指導案）を効率的に遂行することを目標にしているわけでもない。授業研究において「目標達成」を「評価」の基準にしているわけでもない。本書に登場する教師たちは、新しいヴィジョンと哲学に基づいて「21世紀型の学び」を希求し、その実現をめざす授業づくりを行っている。

「21世紀型の学び」の創造において、教師は「学びのデザイン（design）」「学びのコーディネーション（coordination）」「学びのリフレクション（reflection）」を授業実践の中心においている。「デザイン」「コーディネーション」「リフレクション」の三つが、現代の教師の中心的活動なのである。すなわち現代の教師は、手と口で活動しているのではなく、耳と目と頭で授業を遂行している。本書は、この「21世紀型の学び」を創造する授業の様相とそれを実現する教師の思考の枠組みを提示している。

本書に頻繁に登場する言葉が「デザイン」である。この「デザイン」という言葉自体が「21世紀型の授業」を端的に表現している。伝統的授業は「教材研究と指導案づくり」（プラン→授業（実施）→授業後の批評（評価））によって遂行されていた。それに対して「21世紀型の授業」は、学びのデザイン→実践→リフレクションによって遂行されている。

「プラン」が「デザイン」へと移行することで何がどう変わるのだろうか。プランは授業に先立って準備される。しかしデザインは「状況との反省的対話」（本書）であり、実践の前に構想され、実践の過程で修正され、リフレクションにおいても再構成される。すなわち「デザイン」は実践のすべての過程を一貫する営みである。さらに、プランは「目標」に即して教材と子どもの活動と教師自身の活動を「統制」している。しかし、デザインは「統制」とは逆の機能を発揮する。デザインは「ヴィジョン」によって、教材と子どもの活動と教師の活動を「活かそう」とする。プランを規定しているのは「目標」であるが、デザインを規定しているのは、どんな学びを創造するのか、どんな教室を創造するのか、どんな探究と協同を創造するのか、どんな教師に成長するのかという「ヴィジョン」である。この「デザイン」によって本書の授業研究は、保健授業で未だに流布している行動科学にもとづく授業観や授業研究の枠組みの制約を大きく超えている。

＊

アクティブ・ラーニングによって、日本の授業は緩やかだが、大きな転換を遂げてきた。PISA調査によると2003年時点の日本の授業における「探究」と「協同」は、調査対象約50か国中最低であった（「探究」最下位、「協同」韓国最下位、日本は最下位から二番目）。しかし12年後のPISA2015の「協同的な問題解決」の調査において、日本はトップに躍り出ている。したがって、今問われているのはアクティブ・ラーニングの実施の有無ではなく、「質の高い」アクティブ・ラーニングの創造である。

質の高い学びの創造で鍵となるのが「探究」と「協同」である。思考は一人でも実現できるが、探究は協同でしか実現できない。そして探究のない協同は教室の学びにおいては無意味である。したがって探究と協同は一体のものとして追求しなければならない。この要諦も、本書は具体的に提示している。なぜ、5人以上のグループでは探究は生じないのか。なぜグループ学習は「話し合い」ではなく「聴き合い」にしなければならないのか。なぜ、探究において「背伸びとジャンプの学び」が必要なのか。これら探究的で協同的な学びの基本問題に関する本書の叙述は説得力がある。

そして本書が明快に示しているのが「背伸びとジャンプの学び」の意義である。学びの共同体の授業づくりでは、教科書レベルの「共有の学び」と教科書レベルを超える「ジャンプの学び」の二つのステージで1時間の授業をデザインしている。この「ジャンプの学び」において「探究」と「協同」は、いっそう効果的に機能して質の高い学びを実現している。学びの共同体を実践する教師たちが共有しているこれらの卓見も、本書は実例をとおしてわかりやすく示している。

現在、新型コロナによって、授業と学びのイノベーションは多くの制約を受けている。しかし、この状況であればこそ、「探究」と「協同」の意義を再認識して、子どもたちと果敢に挑戦している教師たちはいっそう拡がりを見せている。本書は、そういう教師たちに励ましのエールを贈ることになるだろう。

本書は、保健授業におけるトップレベルの学びを叙述しているだけでなく、すべての教科に通底する「21世紀型の学び」のヴィジョンとその創造のアプローチを実践的に提示する最良のテクストでもある。保健教育を担う教師、研究者だけでなく、すべての教師、研究者に一読をお奨めしたい。

2020年12月10日

目次

第II部 保健の「学び」が生まれるとき

第8章●教具を越えて子どもと向き合う―つぶやきを聴き、学びへつなげる―……131

第Ⅲ部　保健の「学び」が深まるとき

第9章●「深い学び」はどのようにして可能になるのか……149

プロローグ 保健授業の「学び」へ誘う

1 教室からの改革

２０１９年の冬、小学校1年生に、「授業でわからないところがあれば先生に『わからない』って言っていいんだよ」と話をすると、「『わからない』とは言えない」と言う。なぜ、「わからないことを『わからない』と言い出せないのか」、その理由を尋ねたところ、ちゃんとやろうとすると、時間がどんどん過ぎていって、みんなに迷惑がかかる」、そして、「『20分休みが17分しかなくなった』『休みが短くなった』って、みんなに言われる」、「あと、こんなのもわからないの？って言われてしまう」と理由を話してくれた。

小学校に入学して1年も経っていないのに、授業でわからないところがありながらも、声をあげられずに黙って椅子に座り、子ども同士で空気を読み合っているのである。さらに数年経つと「わからない」と言えない教室が当たり前となり、別の意味で悲痛な声もなくなるだろう。

思い返してみると、私が幼い頃の学校でも「わからない」と言える教室は少なかった。それから学習指導要領は四度改訂され、そのたびに教育改革が叫ばれているが、「わからない」と言えない教室は、今もなお、変わらず存続し続けている。

学校という場所は、いくら外から改革の必要が叫ばれ数々の施策が提案されようとも、一人ひとりの子どもの声に耳を傾けるところからしか改革は達成できない。しかし、学習指導要領改訂にともなって、改革の旗印のもとに教育雑誌を飾るのは、その多くが学習指導要領の解説や説明であり、そこから教室の事実や一人ひとりの子どもの学びの姿は見えてこない。同状況を批判する言説においても、施策を批判するにとどまり、肝心の教室における学びは依然として置き去りのままである。

　私は、学習指導要領改訂のたびに、こうした状況が繰り返されることに疑問を感じ、目の前の子どもと教師の声に耳を傾けながら、具体的現実から出発する教室の内側からの改革を目指してきた。

2　「学び」とは何か

　保健授業を参観していると、「これからしっかりと手を洗おうと思います」とか「生活習慣病にならないために栄養と休養と運動に気をつけたいと思います」など、子どもが今日の授業で教わったことを発表して終わるといった場面に出会うことがある。

　表現が抽象的であるためか、または、個々の内面で生まれた学びと結びついていないように聞こえるからか、その形式的な言葉の響きに空虚さを感じ、その声は、「学び」とは何かを私たちに訴えているようである。

　「学び」という言葉は、日常的に「学習」や「勉強」と区別されることなく使用されているが、本書では、「学び」を次のような性格を持つ意味としてとらえている。

「学び」は、子どもの中の出来事であって、子ども一人ひとりが内側で構成する個性的で個別的な「意味の経験」である。[*1] 次のように、「学び」と「学習」という言葉を比較してみると「学び」のより豊かな意味の広がりをイメージできるだろう。

「学び」は、個々の学び手の内側に広がる活動世界のこととして理解できるが、「学習」は、学校において与えられた知識や技能を受動的・機械的に習得することを意味しており、子どもを外からの操作対象としている。

授業で同じ課題に取り組んでいても、子どもたちが同じスピードで同じように考え、答えに到達することはないだろう。それは、個々のそれまでの経験や理解の道すじが一人ひとり違うからである。

しかし、今日の学校は、体系化された内容と大量の知識を効率的に教え込むことで精一杯になっている。

本来、「学び」は、新たな「もの」との出会い、「こと」との出会い、「ひと」との出会いの中で展開される活動である。言い換えると、①「学びの対象との関わり方(『対象との対話』)」、②「それまでの自分の考え方と向き合わなければならないときに生じる『自己内対話』」、③「自己の考えがなぜ他者と異なっているのかを気がつかせてくれる『他者との対話』を通して一人ひとりの内面で繰り広げられる経験（『意味の経験』）である。[*2]
この経験で重要なのは「差異」である。入ってきた情報と知識の矛盾（差異）、あるいはある場面では知識同士の間で起こる矛盾を、情報を調べ、組み直し、より豊かにかつ一貫性あるものにすることで解決していく。[*3]そうした経験を再構成していくことが「学び」である。

3 「授業」とは何か

では、「学び」を生み出す「授業」とはどのようなもので、それはいかにデザインできるのだろうか。本書の立場を示しておきたい。

「授業」は、その文字が示すように「業（学問）を教え授ける」もので、教師が子どもに授ける活動を指す。この場合、行為の主体は教師となる。一方で「学び」の主体は、子ども一人ひとりである。[*4]つまり、「授業」は、教師が主体となり子どもの学習を外から操作する活動であるが、[*5]「学び」は、先に示した通り、子ども一人ひとりが内側で構成する個性的で個別的な活動（「意味の経験」）である。

「学び」は、教師が行う操作の統制を越えて展開されることから、触発し、援助はできても、操作し、統制することはできない。[*6] それを無理にコントロールしようとすると、いかに善意の教育でも教化に転じてしまい、教師から子どもに一方向に教えるといった知識伝達型の授業になってしまう。

一斉指導型の授業は、子どもの思考や判断に対して「正しい」モデル、「正解」や「真理」を外側からあてがい、子どもの思考や認識は、そのあてがわれた「正解」に沿って組み立てられる。[*7] こうした授業は、教師にとっては非常に効率がよい。しかし、一斉授業の効率性は、学びの経験を薄っぺらなものにし、授業についていけない子どもたちを切り捨て、学びの発展性を求める彼ら彼女らの関心をそぎ落とすことによって成立する。[*8] 授業についていけずに居眠りをする生徒、授業中に塾の課題に取り組んでいる生徒が見られるのは、そうしたスタイルでは、しばしば個が見捨てられ（alienation）、さらに、学習者が授業を見捨てた状況があるからであろう。

ここに、「教える効率性から学びの効率性へ」の発想の転換が必要になる。

このとらえ方の違いが明確に意識されてこなかったことが、今日の教室において、「学び」を生み出しにくくさせていたのではないだろうか。

本書で目指す「学び」のデザインは、これまで外から操作の対象として認識されてきた「学習」を、学び手の内側に広がる活動世界のこととして理解する方途を探索することが目的であり、「学び」を豊かに生み出す営みを授業の創造としてデザインしてみたい。

4 保健の「学び」はなぜ生まれにくいのか

私は、これまでの二十数年間、ライフワークとして多くの学校を訪問し、「学びの共同体[*9]（learning community）」実践校をはじめ、改革に挑戦する学校のスーパーバイザーとして活動をしてきた。

国語、算数（数学）などは、授業時数の関係から参観することが多く、教室では幾重にも学びが生み出されていたが、保健の授業となると、なぜか「学び」よりも「指導」といった側面が強く現れていた。そうした授業は、どんなに丁寧に展開されようとも、行き着く先（結論）が見えていることで、学びが生まれにくい状況になっていたように思う。

保健授業の行く先（結論）とは、個別の状況と結びつくことなく、単に「『健康』は大切である」と教条的に教えてしまうこと。そして、「授業で取り扱われる内容は良識の価値があり、無条件に正当化される」といった規範のことである。

これまでの保健授業では、「なぜ『健康』が必要なのか」、「なぜ『健康』は重要とされるのか」といった子どもの素朴な疑問や根源的な問いは脇に置き、これからの自らの生活と健康の価値とのつながりを持てないまま、「規範を与える指導（または「指示」）」となっていたのではないか（対象の喪失（missing object））。

つまり、学習によって得られる知識は個別的な状況から離れて、抽象化しているために、自分との接点を見つけることができない。

子どもからすると、自分の環境を認知し評価する基準は、何十年も後ではなく、今ここで生活している周囲の人たちを含めた社会が基準であり、今の行動が何十年後にある結果をもたらすといった見通しについては簡単には想像しにくい。そのため、無条件に正当化された価値（暗黙の前提）の上に展開される授業（こうした行動をとれば数十年後には疾病を発症するリスクがあるなど）は、一般化されたスキルやコツを教え込む授業として展開されてしまう。

１９９０年代から興隆した行動科学に注目した保健の授業においても、行動に帰結する答えを提供すること、行動化に至るエッセンスを学習することが保健の授業であると認識されてきた側面がある。しかし、行動化に至る基礎的な知識を習得し、その知識をどのように利用するかといった価値観がともなう場合、授業の展開次第では、それが「教育」なのか、「教化」なのかがわからなくなってしまう。

さらに、知識社会化が進んだ今日では、知識を習得するだけではなく、どのように活用するかが問われており、これがスキルへの注目に拍車をかけている。しかし今、本当に問われているのは、知識やスキルの多さ、高さではなく、それをもとにして自らの生き方につなげる応用力や発想力なのである。

では、真の保健の学びは、どのようにデザインできるのだろうか。

本書では先の課題を引き受けながら、これまでに試みられた実践から子どもの学びの様子を丁寧に叙述し、保健授業の学びとデザインを示してみたい。

（なお、本書の各章に登場する教師は実名で記したが、子どもはすべて仮名である）

「そうか、そう考えるのか」――学びは聴くことからはじまる

第I部

保健の「学び」と出会う

第1章　「教えること」から「学ぶこと」へ

1　綿密に準備された授業(plan)の遂行
―「生活習慣病の予防」の授業から―

二十数年前、ある中学校で「生活習慣病の予防」についての授業を参観する機会があった。授業の展開は、生徒が自らの生活習慣を振り返り、生活習慣病のリスク要因を血管の断面に見立て、動脈硬化と閉塞が起こる仕組みを理解する授業であった。

授業者は、まだ20代の若い教師であったが、学習の内容を熟知し、ＶＴＲ等のＡＶ機器を多用するなど、細やかなところまで準備された授業であった。

授業終了後、ある生徒が「御説ごもっとも」とつぶやき、そそくさと教室を後にする姿を目にした。

教師は、夜な夜な教材の準備をし、教具の作成にも時間をかけ、指導案を綿密に書き上げていた。万全を期して臨んだ授業だったが、授業後に子どもは「御説ごもっとも」と口にした。この生徒にとって授業は、既知の確認に過ぎなかったのだろう。一方、教師も、授業を展開する中で、子どものこうした気持ちを敏感に察知していた。しかし、教師は、授業の途中で修正する手だてを持ち合わせていなかった。子どもとの呼吸がすれ違っていることに気づきながらも、準備した授業（plan）を、ただ最後まで遂行（do）しなければならない状態になっていたのである。

授業者は、完璧なまでに授業の事前準備をしていた。また、子どもたちもそうした授業への期待があったのだろう。しかし、結果として、両者にとって学びとのズレを解消できないまま授業は終わってしまった。

学校と教室という空間は、「社会制度として用意された学校（教室）」と「一人ひとりの経験の内側にある学校（教室）」といった二つの意味を持つ。先の生徒は、「社会制度として用意された学校（教室）」に滞在（または授業への出席）はしていたが、「一人ひとりの経験の内側にある学校（教室）」の学びへ参加することはなかった。実際に子どもと教師の両者のあいだにあったのは、対話的な関係ではなく、権威と服従の関係における「無条件的な承認」であった。[*10]

なぜ、このような状態に陥ってしまったのか。また、いったいどこで歯車がずれてしまったのだろうか。

この「権威―服従」の関係を超えて、クラス全員が一人残らず学ぶ授業はどのようにデザインできるのだろうか。

「教えること」と「学ぶこと」の違いからその原因を探ってみたい。

2 「教える―教えられる」関係からの離脱

2004（平成16）年5月2日の朝日新聞に穴澤芳江さんが詠んだ短歌「おのづから 満

ちくるありて をさな児は 手を振り払ひ 歩みそめにき」[*11]という歌が掲載された。

この短歌で穴澤さんは、何を伝えようとしたのだろうか。また、穴澤さんがどのような場面に遭遇し、何を感じて歌を詠もうと思ったのだろうか。

この歌を読み解くことで、「教えること」と「学ぶこと」の意味に気づくことができる。

穴澤さんがこの短歌を詠むきっかけになったのは、次のような出来事が関係している。

穴澤さんは、歩きはじめて間もない孫の面倒を見ていたとき、よちよち歩きの孫が「転んでケガをしては大変だ」と思って、手を差し伸べたところ、孫は、祖母の手を振り払って力強く歩みはじめたという。

子ども（孫）からすると、大人の論理や都合（「転んでケガをしては大変だ」）による手助けは、余計なお世話でしかなく、自らのやる気や自立の機会（「歩きたい」「自分はここまで歩けるんだ」）を大人が奪ってしまう可能性があることを、この歌は、気づかせてくれる。[*12]

日々学校で営まれている授業もこれと同様で、大人が丁寧に「教えよう」と手を差し伸べるが、子どもの学びが大人の論理の中で従属的に生まれるかといえば、授業はそれほど単純ではない。

教えている先生の話を忍耐強く聞けている者だけが学びに参加をしているといった教室は

おかしい。子どもが、学びに夢中になるのではなく、椅子にどれだけ我慢強く座っていられるか、先生の話をどれだけ素直に聞いていられるかを学びへの「参加」とは言わない。これは単なる物理的な「出席」である。

「はい、背筋を伸ばして」「しー（静かにして）」「お話をやめて、前を向きましょう」といった、教室でよく聞かれる教師の言葉は、自らの言うことを「黙って」「静かに」「しっかり」聞いて欲しいといった、教師の強い思いや使命感の現れでもある。

先に紹介した「御説ごもっとも」とつぶやいた生徒の状況も、私には「をさな児」の例と同様に大人の都合による「教える」行為に思えてならない。

3 かかわり方の知恵

先の例と同じように、マイク・サラーの『しりたがりやのふくろうぼうや*13』という絵本にも同様に「教えること」と「学ぶこと」の意味が示されている。

この物語には、波打ち際にある鳥の巣で展開されるふくろう親子の日常的な一コマが描かれている。そのやりとりから、「学び」の様子を確認してみたい。

ある夜、ふくろうの子どもが寝床から起きてきて、お母さんにこう尋ねます。「おほしさまはいくつあるの?」と。すると母ふくろうは、「数えてごらん」と対応します。子どものふくろうは、母の言うとおり、おひさまが昇るまで、必死に星の数を数えました。朝になってお母さんは、子どもに「おほしさまは、いくつあった?」と聞き返します。この問いに対して子どもは、「かぞえきれないくらいあったの」と言って、眠ってしまいます。

次の夜、また、子どものふくろうは、お母さんに尋ねます。「おそらは、どれくらいたかいの?」と。母ふくろうは、「とんでいって、たしかめてごらん」とこたえ、子どものふくろうは、母の言うとおり、空高く飛んでいきました。朝になってすっかり疲れて帰ってきた子どもに、母ふくろうは、「おそらのたかさはどれくらいあった?」と問います。すると、子ふくろうは、「とんでもとんでもとどかないくらいなの」と言って寝てしまいました。

さらに、また次の晩、起きてきた子どものふくろうは、「うみにはどれくらいなみがあるの?」と尋ねます。この問いに母親は、「かぞえてごらん」とこたえます。子どものふくろうは、必死に朝まで波の数を数え続けます。そして、母ふくろうは、朝になって「なみはいくつあったの?」と問い、子どもは「かぞえきれないくらいなの」と言って寝てしまいました。

そして、四日目の夜、子どものふくろうは、起きてきたかと思うと、また尋ねます。「うみはどれくらいふかいの？」と。お母さんは、空を見上げながら「おそらのたかさとおんなじくらいふかいのよ」とこたえました。その夜、ぼうやはどこへも行かず、「そらのこと、ほしのこと、なみのこと」について、朝まで「じいっと」考えごとをします。おひさまが昇ったとき、一晩かかって考えたことをお母さんに言いました。

「ぼく、かさあさんがだあいすきだよ」と。お母さんは、すかさず、「どれくらい？」と問い返しました。すると子どものふくろうは、ちょっぴり考えこんでから、「おそらのたかさとおんなじくらい、うみのふかさとおんなじくらい」とこたえました。

この物語は、ちょっとした日常の子どもの疑問をもとに進む話であるが、ここで注目したいのは、母ふくろうがしたことは、「たしかめてごらん」「かぞえてごらん」と発するのみで、子どもの疑問について答えを教えていないところである。子どもは、内面に立ち上がる疑問とお母さんからの問いを結びつけながら、測ることのできないものの意味を学び、最後には母への思いと結びつけながら、自らの考えを上手に表現している。

反面、教師は、教職の責務の大きさから、いつしか子どもに対して「何かをストレートに教えなければ、その役割を全うしていない」と感じるようになってしまったのではないか。ふくろう親子の物語にあるように、丁寧に教えるのではなく、教えなくても学びが成立することを、私たちはもっと知っておく必要がある。

繰り返しになるが、先の「御説ごもっとも」と発した生徒と教師の伝統的で一方的なコミュニケーション（「教える―教えられる」の関係）は、今一度、学習者の視点に立ち返って、子どもの学びを中心とした授業へと改革を進める必要がある。

子どもが受け身になって、お行儀よく教師の言うことを聞いているような授業は、両者ともにつらい状況を生み出してしまう。近年の「アクティブ・ラーニング（Active Learning：AL）」や「主体的・対話的で深い学び」への注目は、これまでの古典的で保守的な授業を改革するための起爆剤として受け止めることができる。

ただし、学校現場で「アクティブ・ラーニング」や「主体的・対話的で深い学び」の内実が正しく理解されているかといえば、難しい現状にある。

子どもが学びとして、内面に何らかの意味を形成する場合、意味の形成に先だって、自身の疑問や考えを率直に表現できる場と表現できる自由がなければならない。ここに主体の存在が認められなければならない理由がある。

さらに、対話が強調される中で、対話自体が目的になってしまうと、内面で形成される意味が、副次的となってしまい、結果として学びの意味が見失われてしまう。[*14]
そのため、子どもが自由に考え、表現できる場を準備することが学びを生み出す条件であり、このことをふくろうの母親は教えてくれている。

4 これまでの「教育」を乗り越える

校内研修において、教師が「教える」授業から学習者の「学び」を中心とした授業へと改革が求められていることを話題にすると、先生方から必ずといってよいほど、次のような意見や質問が出される。
「では、どうすればいいのですか？」「そのよい方法を教えてください」といった質問である。[*15]
多忙を極める中で、都合よく、効率的に解決策を知りたいと思う教師の気持ちは理解できる。しかし、解決策について、よい方法があったら「教えて」もらいたい、という考えが、一般化された顔の見えない子どもたちを教える対象にし、一人ひとりの特徴ある子どもを不在にしてしまうのである。

また、「先生の言っていることはわかりますが、そんなのは理想論です」といってあきらめてしまう教師もいる。そういった教師とも向き合いながら、これまで粘り強く対話を重ねてきた。

この深淵から希望の一筋となるのは、本書で示すように自他の教育実践における子どもの学ぶ姿（事実）からその意味を丁寧に読み取ること、そして、それを共有し、新たな教育実践のイメージを広げることである。

教室における具体的な展開と学びの関係（事実）は、流動的で、絶えず変動し、安定性を欠いているため、教師は上手くいった授業を一般化し、固定化すれば、安定して授業を展開できる、と考えてしまう（モデル授業を探し、追い求めてしまう）。

本来、事実とは極めて曖昧なもので、目に見える事実は、それを見ている側の考えや思考の枠組みに依存している。そのため、事実の意味づけは、人々のいだく先入見によって、見えたり、見えなかったりする。だから、見えていなかった事実を共有することは、自身の思考の新たな枠組みへとアプローチすることにつながる。この過程を通して、見えていなかったことが見えるようになる。

また、現状を改善するには「どうすればいいのか」との問い方ではなく、なぜこうした状況が生み出されているのか、「どうしてなのだろうか」といった問いにより、その思考を生み出した「理《ことわり》の世界」への関心と理解を示す必要がある。*16

教師は、今まで見えていなかった子どもの思考の側面が見えるようになったとき、子どもへの接し方が変わってくる。また、子どもへの接し方が変わると、その教室は、これまでとは異なった空間へと変容する。この循環（往還作用）を絶えず繰り返すことによって、洗練した学びの場が創られる。

教育活動はそうしたクリエイティブな活動であり、何らかの法則に則って教育を行ったならば、一律に上手くいく手段や、「どうしたらいいのか、よい方法を教えてほしい」といった質問に、単純に答えられるものではない。必然を予測し、それに合理的に従って行動するのは、未来のＡＩに任せておけばいい。私たちの活動の本質は、そうした合理性よりも、必然に挑戦し、しばしば失敗し、ショックに悶えながらもその必然の地平を変化させていくことである。*17

教師は、自ら「教えられた」という被教育経験から、気づかずに自身の授業においても「教え込む」授業を再生産してしまっていることに気づかなければならない。この再生産を乗り越えるためには、他者の教育実践から自身が持っていない新たな視点を学ぶことで、「気づいていない自分」や「気づくことができずにいる自分」を知ることが必要である。

本書では、これまで私が出会ってきた実践と学びの様子を紹介し、学びの経験を共有することで、教育実践が計画の忠実なる遂行（「プランニング」）から子どもの声を聴き、対話しながら学びをはぐくむ「デザイン」へと変化をみせること、そして、創造的な実践のヴィジョンが拓けていくことを期待したい。

では、実際の教室をのぞいてみよう。

第2章

「背伸び」と「ジャンプ」による学び

―中学校「応急手当」の授業実践から―

ここでは、授業をどのような考えにもとづいてデザインすると、一人残らずすべての子どもの学びを成立させることができるのか、中学校保健体育科保健分野における「応急手当」の授業を例に、学びのプロセスにおける「基礎基本」の位置づけについて考えてみたい。

1 「基礎基本」から「応用発展」へというあたりまえを問い直す

これまで、中学校2年生の一般的な「応急手当」（心肺蘇生法）の授業では、はじめに、①「基礎基本」として「カーラーの救命曲線」（図1‐1）を提示しながら緊急時の経過時間と死亡率の関係を確認する。続いて、人工呼吸・胸骨圧迫（心臓マッサージ）の原理を解説する。そして、②「基礎基本」を学習した後に「応用発展」として手技を交えながら人形を使った心肺蘇生の実習へと発展させる道筋となっていた（図1‐2）。

私が、これまで見てきた多くの「応急手当」（心肺蘇生法）の授業も、以上のような授業構成となっていた。なかには、人形を使っての実習を行うまでの間に、「基礎基本」を解説する教師の話に飽きてしまう生徒がいたり、手技に至っては、実習時間を十分に確保できないことや人形が一体しか準備できない状況があった。このような条件のなかで2〜3人の代表者のみが人工呼吸と胸骨圧迫を経験することで、見学している生徒も含め、クラス全体がわかったこととされた授業も見受けられた。

それでは、こうした展開を問い直す授業を紹介しよう。

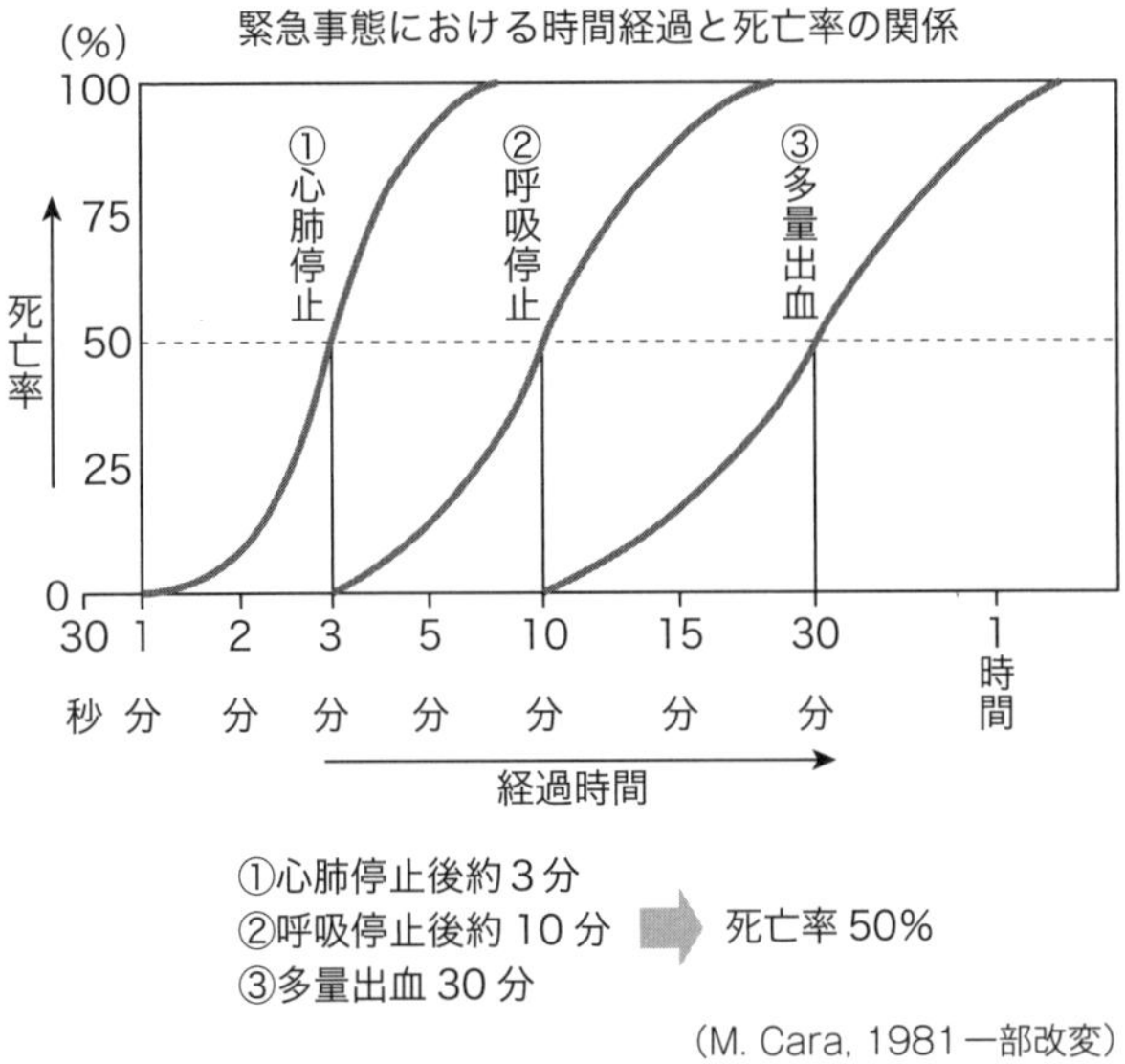

図1-1　カーラーの救命曲線

2 廣井実践「応急手当」の授業から学ぶ

2008(平成20)年2月に東京大学教育学部附属中等教育学校で行われた廣井直美さんの「応急手当」の授業は、従来の授業のように「基礎基本」からはじめるのではなく、その逆の「応用発展」から授業を出発させた(図1-2)。

本来、人命救助の実際場面では、傷病者の外傷や全身状況、年齢や性別、置かれた環境がそれぞれ異なり、様々な状況を考慮しながらの対応に迫られる(実際に直面する個別の事例は「応用発展」の課題である)。このことを念頭に置いて、廣井さんは、授業のはじめに、傷病者が置かれた危機的な状況を個別事例として設定し、「基礎基本」を学ぶ前に、いきなり「応用発展」の課題を子どもたちに提示した。「応用発展」の課題(高い課題)は〝ミッション〟と呼ばれ、4人1グループに編成された各グループへ、それぞれ異なる〝ミッション〟が示された。

〝ミッション〟の内容は、①目の前で起こった交通事故者の救助(交通事故)、②登山における滑落者の救助(転落事故)、③駅構内で突然倒れた女性の救助(急な疾病)、④震災にお

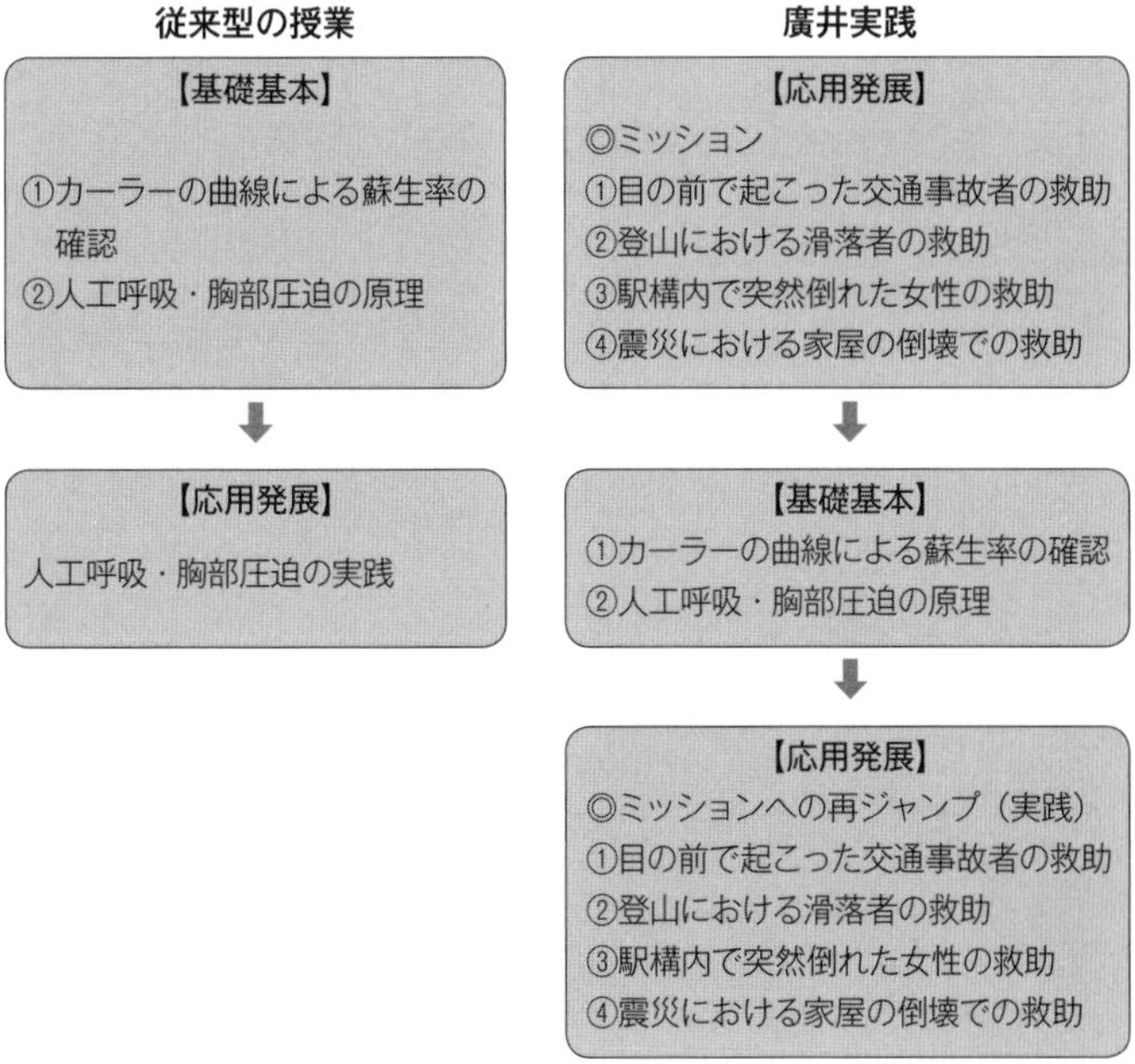
従来型の授業
【基礎基本】
①カーラーの曲線による蘇生率の確認
②人工呼吸・胸部圧迫の原理
【応用発展】
人工呼吸・胸部圧迫の実践
廣井実践
【応用発展】
◎ミッション
①目の前で起こった交通事故者の救助
②登山における滑落者の救助
③駅構内で突然倒れた女性の救助
④震災における家屋の倒壊での救助
【基礎基本】
①カーラーの曲線による蘇生率の確認
②人工呼吸・胸部圧迫の原理
【応用発展】
◎ミッションへの再ジャンプ（実践）
①目の前で起こった交通事故者の救助
②登山における滑落者の救助
③駅構内で突然倒れた女性の救助
④震災における家屋の倒壊での救助

図1-2　廣井実践の展開の特徴

ける家屋の倒壊での救助（大地震後の家屋の倒壊）の４つで、配布されたカードには、傷病者の様子や現場の状況等も記載されていた（表１‐１）。

廣井さんは、はじめにこのような具体的で高い課題（応用発展）の〝ミッション〟を子どもたちに提示し、グループ内で力を合わせ、５分で救助するように求めた。当然、子どもたちは「基礎基本」だけではなく応急手当の方法や考え方、手技をまだ学習していないため、すぐに救助することはできない。今、目の前でこの状況に出会ったならば応急手当はできず、子どもたちは人命を救うことができないことを認識した。

子どもたちにとって〝ミッション〟は、日々の生活の中で突然遭遇する事態を疑似体験することであり、救助できなかったのはなぜかを具体的な状況の中で考えはじめるきっかけとなった。

廣井さんは、なぜ、あえて救助できないとわかっていながらも、個別性が高く具体的な「高い課題（応用発展）」から授業をスタートさせたのだろうか。

そこには、当時、同校が一丸となって目指した「学びの共同体」による学校改革についての考え方があった。[*18]

表1-1　各グループの“ミッション”

各グループに課せられた“ミッション”は次のような内容であった。

---

①Aグループ：目の前で起こった交通事故者の救助（交通事故）

- 状況：某区路上にて、車にはね飛ばされた人が道路中央線近くで倒れている。事故を起こしたドライバーは救助を手伝ってもらえる状態ではない。
- 傷病者の状態：意識なし、呼吸なし。上腕部より中等度の出血とともに額からも出血。

---

②Bグループ：登山における滑落者の救助（転落事故）

- 状況：富士山登山道に滑落したと思われる人を発見。転落の影響で落石が続いている。
- 傷病者の状態：意識なし、呼吸あり。右大腿部の出血、右手骨折の疑い、左手各所から出血、頭部出血。

---

③Cグループ：駅構内で突然倒れた女性の救助（急な疾病）

- 状況：駅構内で急に人が倒れる（女性）。
- 傷病者の状態：意識なし、呼吸なし。外見は異状なし。
  （駅構内にAEDあり。心肺蘇生開始後2分でAED到着）

---

④Dグループ：震災における家屋の倒壊での救助（大地震後の家屋の倒壊）

- 状況：20XX年、東京大震災倒壊家屋から助けた人の様子を見る。余震でさらに隣家倒壊の危険あり。
- 傷病者の状態：意識あり、呼吸あり。左足損傷大腿部骨折の疑い、右下腿部損傷、頭部外傷、左肘骨折の疑い。
  （応急処置後、担架にて救護所へ移送）

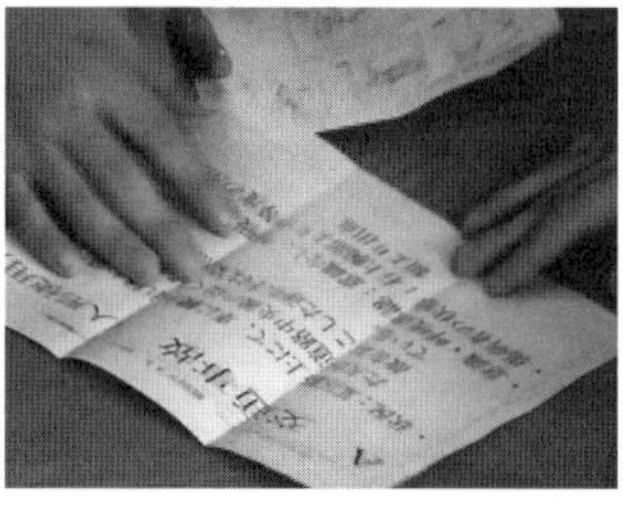

写真1-1　Aグループに課せられた“ミッション”

3 ジャンプのある学びの課題

「学びの共同体」実践校では、学校改革の共通認識として、「学校と教師の責任は、一人残らず子どもの学ぶ権利を実現し、子どもたちが高いレベルの学びに挑戦する機会を提供する」ことを目指している。その考え方の一つに「ジャンプの学び」、または「背伸びとジャンプ」という考え方がある。この考えは、授業において、最初にクラスの誰もがわからない「高い課題」を提示し、みんなの力を合わせれば解決に導けるというものである。[*19]

課題は誰もわからないため、誰一人として落ちこぼれを意識する必要もない。そして、「わからない」からはじまる学びは、子どもたちの「何だかわかりそうな予感」を頼りに、対話を引き起こす。

廣井実践では、生徒たちは、人命を救助しなければならないといった倫理的な義務感に支えられながら、テレビ等で目にしたことのある人工呼吸や胸骨圧迫、さらに、AED（自動体外式除細動器）等を使用し、自信がないながらも見よう見まねで、「助けられそうな感覚」だけを頼りに、傷病者の応急手当を行った。しかし、実際には、胸骨圧迫は、胸部のどのあたりをどの程度圧迫したらよいのか、人工呼吸はどういったペースでどの程度息を吹き込んだらよいのかが正確にはわからなかった。グループ内では、「こうすればいいんじゃない」とか、「ああでもない」「こうでもない」と言いながら、個々の経験の差から生まれる考え（idea）がすり合わされた。

しかし、話し合っている間に救命時間のリミットでもある5分を過ぎてしまうため、結果として人命を救うことはできないことを知る。

以上のように、クラスの全員が「わからない」や失敗からはじまる授業は、結果として活発な思考活動や探求活動と結びつきながら活動的な学びを成立させる。

２０１７（平成29）年３月に告示された学習指導要領において、文部科学省が示した「主体的・対話的で深い学び」（「アクティブ・ラーニング」）という改革のキーワードは、これまでの古典的な指導法である一斉教授法による「教える」授業を乗り越えて、活動的な学びを目指した改革を意識したものである。

「ジャンプの学び」は、『高い課題』に支えられた学び」と表現されることもある。課題は、高すぎても低すぎてもマズいが、グループ４人で知恵を出し合いながら思考し、対話の中でギリギリ答えが導き出せるくらいの「高い課題」、言い換えるならば、１時間の授業の中で、

４人で力を合わせれば「できるような予感のする課題」が適切な高さの課題となる。「高い課題」といっても、なかなかイメージがつきにくいが、廣井さんの実践のすばらしさは、各ミッションが、それぞれのグループにおいて適切な高さの課題として提示されていたことにあった。

4　ヴィゴツキーの「発達の最近接領域」

廣井実践で示された適切な高さの課題という考え方は、旧ソ連の心理学者ヴィゴツキーの「発達の最近接領域（ZPD：Zone of Proximal Development）」[*20]の考えによって支えられている。

「発達の最近接領域」は、学習内容が子どもの発達レベルの少し先を行く場合（学習内容が発達を先回りする時）にのみ効果的であり、他者の助けがあれば学習が可能になる範囲のことを示している（図１-３）。

私たちは、授業の構成を考える場合、「このクラスの子どもたちは、このレベルまで達しているから、それより簡単なレベルのことは理解できるだろう」と考えて、学習内容を丁寧

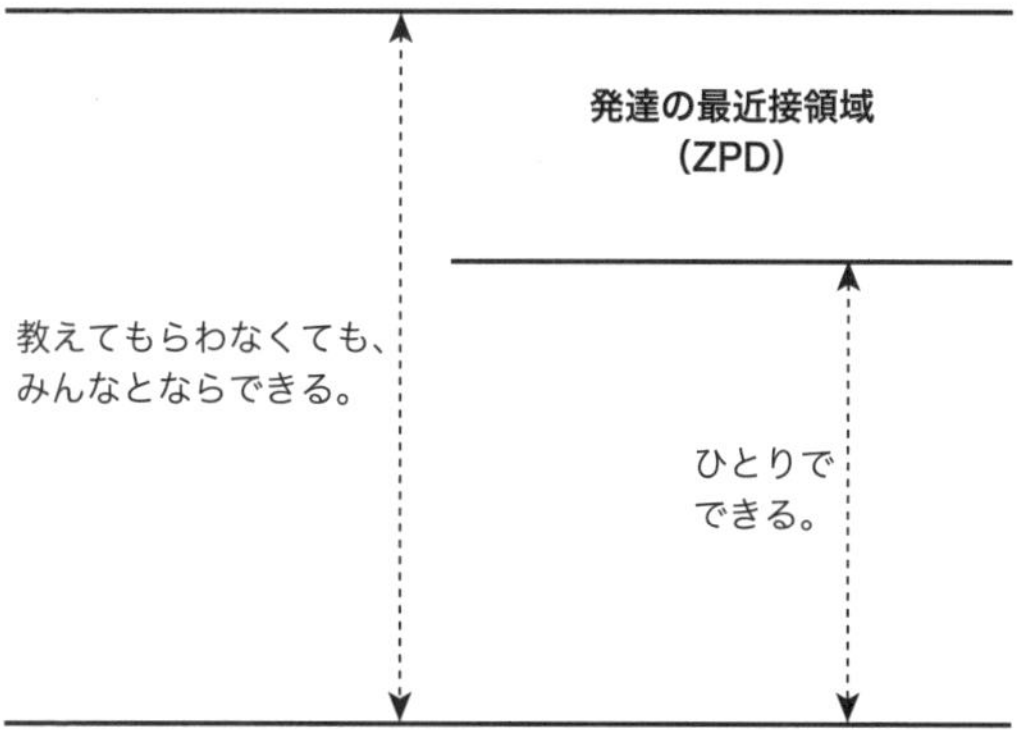
発達の最近接領域
（ZPD）
教えてもらわなくても、
みんなとならできる。
ひとりで
できる。

図1-3　ヴィゴツキーの「発達の最近接領域（ZPD）」

に教えてしまう。

　しかし、ヴィゴツキーの考えに照らし合わせるならば、今、目の前にいる子どもの認識を飛び越えた高い課題を提示することになる（学習内容は発達を先回りする）。

　ある旅の物語[*21]で、少年が「僕はもう大きくなったから一人で旅ができる」と思って旅に出る。少年は旅の途中で老人と出会い、「少年よ、大きくなったから旅ができるのではない。大きくなるために旅に出るんじゃ」と諭された。まさに未知の経験である旅は、少年が成長するための「高い課題」（「発達の最近接領域（ＺＰＤ）」）を示している。

　では、実際の教室における「発達の最近接領域（ＺＰＤ）」は、「高い課題」としてどのように設定できるのだろうか。

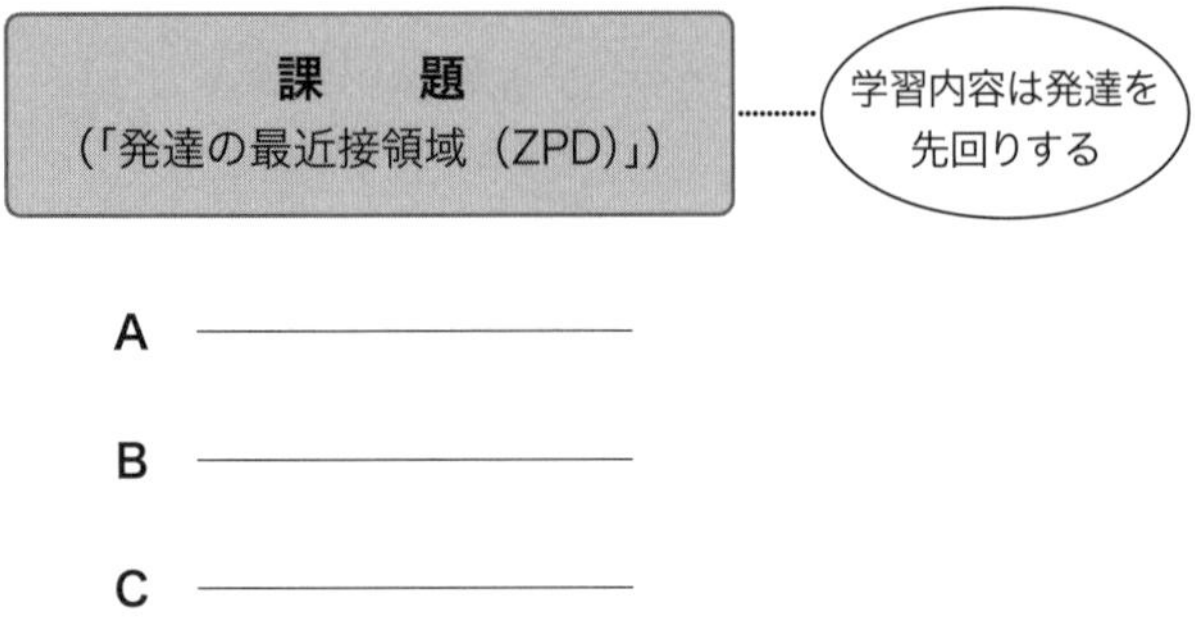

図1-4　どのレベルに課題を設定するか

5　どのレベルに課題を設定するか

通常、クラスには、学力の高い子から低い子までが混在している。例えば、学力が高い子をA、中くらいの子をB、低い子をCとする（図1‐4）。

教師に対して、「授業の展開を考える際、A、B、Cのどの子のレベルに合わせて授業を構成しますか？」と質問すると、多くの先生は「B」と答える。その理由を尋ねると、「BであればCにもAにも配慮できるから」とか、「Bの人数が多いから」との理由をあげる。

しかし、ヴィゴツキーであれば、「発達の最近接領域（ZPD）」である「Aを飛び越したその上に課題を設定する」と答えるだろう。通常、教師の認識として、「Aの上に課題を設定する」といった選択肢はない。

廣井実践は、校内研修を経て、「発達の最近接領域（ZPD）」の考え方を理解し、「子どもの学び」を中心にデザインされた挑戦的な授業であった。

6 「基礎基本」にもどる

「背伸びとジャンプ（高い課題：ZPD）」からはじまる授業は、「基礎基本」から進められるこれまでの授業とは異なり、応用発展の「高い課題」からはじまる授業としてデザインされる。

「応用発展の課題」（高い課題）の中には「基礎基本」が埋め込まれている。当然のことながら、「応用発展」からはじまる授業は、まだ「基礎基本」を学習していない子どもたちには難しすぎてわからない。「背伸びとジャンプ」からはじまる授業では、子どもたちは、「応用発展」（高い課題）にチャレンジするが解決に至らず、課題の原理である「基礎基本」に立ち戻って考えようとする。つまり、「応用発展」から「基礎基本」へ、子ども自らが「もどり」ながら学習を進めることになる。このように「応用発展」から「基礎基本」へ、そして、「基礎基本」から「応用発展」へと再ジャンプするように授業がデザインされる。

先に紹介した廣井実践でも、応急手当の正確な方法がわからないために、生徒自らが教科書を開きはじめる。授業のデザインによって教科書は、教師が内容を説明するために使用するのではなく、生徒自らが活用するものへとその意味を変える。

従来型の「基礎基本」から「応用発展」へといった授業構成は、「基礎基本」を学ぶ意味を見失っていたり、「応用発展」の課題がわからないときに、「基礎基本」へもどることを許さなかったりしてきた。その結果、落ちこぼれは、暗黙のうちに、子ども個人の能力の差、努力の差とされ、「学べないこと」を「学ぶ側の責任」にしてきたのである。*22

「背伸びとジャンプ（高い課題：ZPD）」⇩「基礎基本にもどる」⇩「再ジャンプ」といった循環モデルでは、子どもが「基礎基本」と「応用発展」を行き来しながら、循環の中で学びが深まるようにデザインされている（図1-5）。

近年、他教科では、こうした発想による取り組みは多く見られるようになっている。しかし、保健の授業においては、廣井実践に見られるような挑戦的な実践になかなか出会うことがない。それは、右のような発想が保健授業を担当する教師、そして、これを研究してきた人たちの中にみられなかったからであろう。

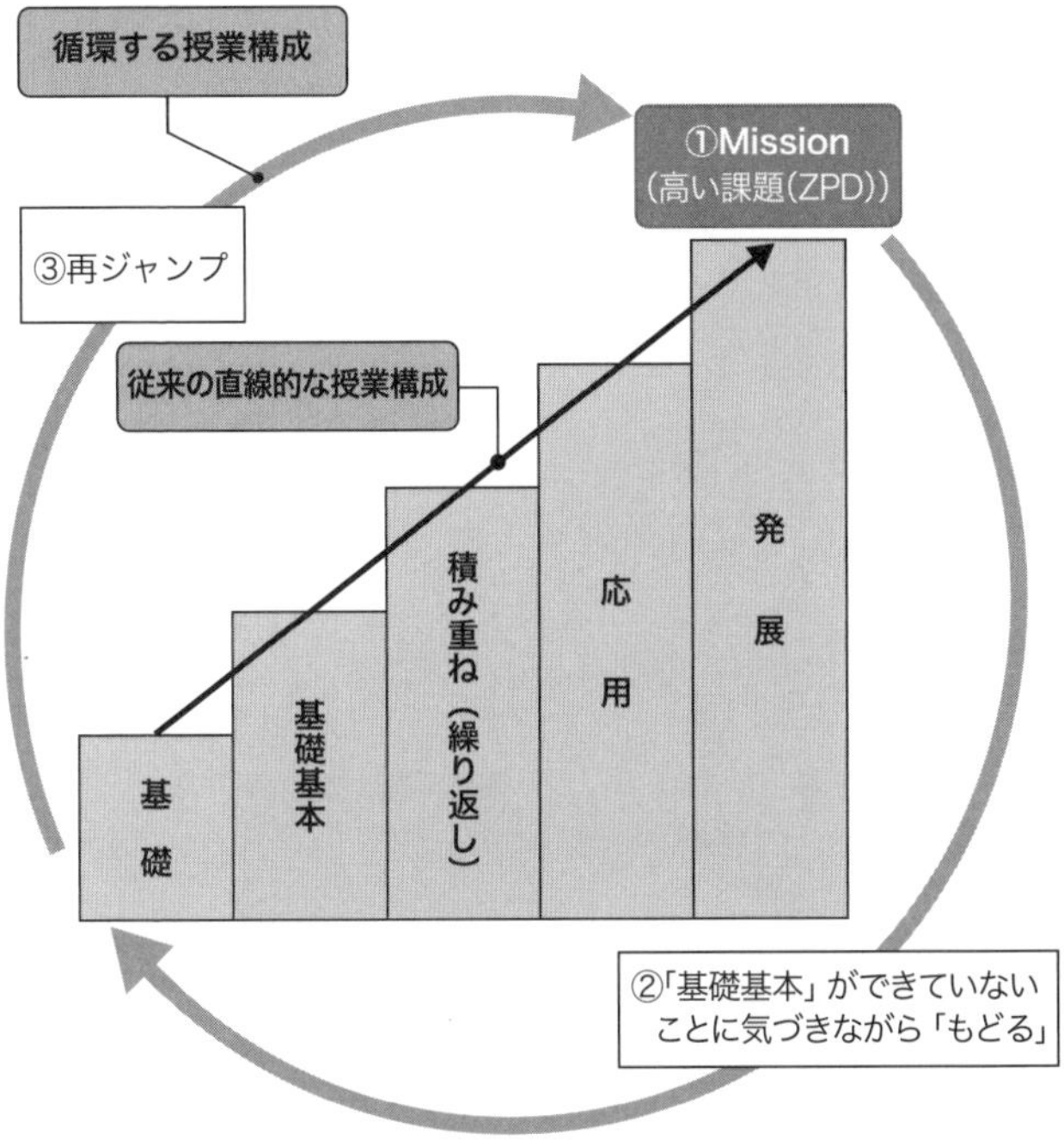

図1-5　授業構成の2つのモデル

以上のように、課題提示の方法一つをとってみても、授業のデザインと子どもの学びを大きく変えるものとなる。「学び」の授業改革は、教師の認識一つで大きな変革をもたらすことを廣井実践から学ばなければならない。

廣井実践：「高い課題」を提示して、「わからない」ことに支えられながらグループによる探究活動が進められる

第3章

教室の事実から学ぶ

―子どもの声を聴き、「学び合い」を見まもる―

ここでは、授業の展開において、子どもたちの小さな声を聴き（listen）、グループでの学び合いを見まもることの大切さについて考えてみたい。

授業において活動的な学びに子どもたちが参加する場合、教師はどのようなことに配慮が必要なのだろうか。

1　できすぎた子どもたち

２０１５（平成27）年10月13日、埼玉大学教育学部附属小学校で行われた公開研究会に参加をした。埼玉大学に赴任し、毎年のように同校に足を運び感じていたことは、附属小の子どもたちの中には、よくできすぎた子どもたちが見受けられること、言い換えるならば、自ら思っていること（idea）を内に秘めながら、教師が望む答え（answer）を察して正答を答えるような子どもたちが、少なからず存在している、といったことであった。こうしたこともあって、事後研究会では、参加者より、「附属小だからできる実践なのではないか」とか、「附属小の子どもたちはよくできた子たちだから」といった発言が聞かれ、附属小における実践は、公立の小学校とはかけ離れた実践として受け止められていた。

一線を画して受け止められる附属小の実践から、私たちは何か学ぶことはないのだろうか。「入学試験で選抜された附属小の子ども」といった特別な見方をするのではなく、教室における一人ひとりの子どもの姿を見ることにより、「ある階層の選抜集団」といった特別な評価を超えて、教師として学びを深めることができるのではないだろうか。

次に紹介する実践はその一端を示している。

2 議論を子どもにゆだねる
―藤田実践「育ちゆく体とわたし」―

2015（平成27）年、この年、附属小に着任したばかりの藤田徹子さんが、「育ちゆく体とわたし」（第4学年）の授業を公開した。藤田さんは、それまでの附属小のイメージを覆し、「聴く(listen)」という行為を中心とした、子どもたちの活動を見まもる授業を展開した。

藤田さんは、着任して間もないこともあってか、自らの授業実践のヴィジョンを模索しているように見えた。しかし、そのことが、子どもの傍らに寄り添い、目の前にいる子どもたちのつぶやきや小さな声に耳を傾け、対話を切り拓くことになった。

授業は、体育科保健領域「育ちゆく体とわたし」の単元最後の「体をよりよく発育・発達させるための生活」で、「自分たちの生活を振り返り、導き出された課題をどのように乗り越えるのか」、4人グループ（男女混合）で課題を検討するというものだった。

剛史、いちか、俊也、明美のグループは、自分たちの日常生活を振り返り、「食事」「運動」

「休養（睡眠）」のなかで、「十分な睡眠」が確保されていないことが共通の課題であることを確認した。そして、「睡眠時間を十分に確保ができないのは、習い事による帰宅時間の遅さにある」との結論に至った。

ピアノやスイミング、学習塾、英会話などの習い事を複数抱え、塾の終了時刻は「20時」や「20時15分まで」といった子どもが多く、「それから家に帰ると20時35分」、「これじゃあ、睡眠時間を確保できないよね」など、半ば自分たちの生活は自分たちだけではどうすることもできないというあきらめの雰囲気がグループを支配していた。

そうした中で明美は、「習い事の時間帯は、私たちだけでは変更することができないからどうすればいいのだろう」との疑問をグループに投げかけた。

少しの沈黙の後、子どもたちは、「お風呂に入ると時間がかかるから、シャワーにすれば時間が短縮できるんじゃない？」とか、「でも、お風呂には入りたいから、お風呂に入ってから習い事に行って、帰ってきたらシャワーを浴びればいいんじゃない」など、わずかな時間しか削ることができない日常生活を振り返り、苦肉の策として「入浴の時間を短縮する」との考えが出された。

しかし、明美が抱えていた課題は、他の子どもとは少し異なっていて、入浴の時間だけでは解消されない切実な課題を抱えていた。それは、彼女の自宅では猫を飼っていて、その猫の相手をする時間を何とか削って、睡眠時間を確保しなければいけないというものだった。彼女は、塾から帰った後、他の子どもたちとは異なる自身の状況をどのように解消すればいいのか、ひとりで悩んでいた。

剛史と俊也は、「どうせ猫だろ、邪魔されないようにドアにくくりつけておけばいいんだよ」と簡単にあしらったが、明美のこだわりと切実感に、いつの間にか、明美個人の課題が「育ちゆく体とそれを阻害する環境に影響を受けているわたし」といったグループの抱える大きな課題として検討されるようになっていた。

教師は、グループでの話し合いの時間を十分に確保し、議論を見まもったことで、「個人の課題」が「グループの課題」へと変化するきっかけをつくったのである。

3 「何もしないこと」を「する」
―成熟する時間―

以上の展開は、子どもたちを信じて話し合いをグループに託し、「見まもる」といった教師の考えと態度によって生み出された。教師は、子どもたちを前にすると、何かアクションを起こさなければ教師としての役割を全うしていないと思いがちだが、「何もしないことをする（学び合いを見まもる）」のも教師の重要な役割である（受動的能動性）。藤田さんは迷いながらも子どもたちに十分な話し合いのできる時間を与え、見まもったことで、その時間は、子どもたちの考えが「成熟する時間」として機能し、活発な思考活動を生み出した。

ただし、思考活動の活性化は、先に指摘したように、高い課題（「発達の最近接領域（ZPD）」）によって支えられなければ「学び合い」がただの「話し合い（おしゃべり）」にとどまってしまうため、適切な高さの課題提示が必要になる。この時間の高い課題は、「自分たちだけではどうすることもできない生活上の困難な課題」であり、この困難な課題に支えられながら活発な議論が展開された。

藤田さんは「見えない実践（invisible practice）」により、対話の時間を十分に確保し、思い切って議論をグループにゆだねることで活発な話し合いが展開できたといえる。

4 「猫の満足」に表現された「学び」の本質

明美のグループでは、話し合いの中で相互の意見を引き受けながら、「帰宅後、十分に猫の相手をして、満足させてから就寝すれば、猫に睡眠を邪魔されずにすむんじゃないか」といった〝猫の満足〟という解決策を導き出した。

グループにおける議論から見えてくることは、子どもたちにとって、現実に直面した「育ちゆく体とわたし」とは、『育ちゆく体とそれを阻害する環境（社会）に影響を受けているわたし』であり、習い事は今後の『わたし』の進路選択の可能性を広げるために大切であり、睡眠を削りながら『育ちゆく体』を犠牲にして日々を過ごしている」という現実であった。

グループが導き出した「猫の満足」といった言葉には、避けられない現実と向き合いながら生活をしている子どもたちの実態が反映されていた。つまり、今置かれた困難な立場を「育ちゆく体とそれを阻害する環境（社会）に影響を受けているわたし」として認識することが「育ちゆく体とわたし」の「学び」であった。この認識は、藤田実践が、困難な課題（高い課題）をグループで検討し、子どもたちがじっくりと他者の声に耳を傾けながら現状と対話できる時間を保障したことによって導き出された結果であった。

一方、藤田さんは、全10グループのやりとりを余すことなく聞き取ることが難しい中で、明美のグループで起こっている小さな出来事にもしっかり目を配っていた。このように、子どもの活動の細部を「見とる」ことが、子どもが安心して自らの考えを表現し、交流させることができる教室を生み出す。

複数のグループ活動を余すことなく見とることは簡単なことではない。子どもに議論をゆだねることとは、課題と活動の展開に責任を負い、どの子も学びに参加できる責任を負わなければならないことを意味している。この点において、話し合いをグループに「託しゆだねること」と「放任すること」は異なる。

子どもたちの話し合いの具体的内容と展開は「不確実性（uncertainty）」が強く、事前に指導案に書くことはできない。そのため、予想のつかない展開に教師は少なからず不安を抱く。予想のつかない展開は、収拾がつかなくなる危険性（教師によるコントロールが不能な状態）があると思えば、話し合いを子どもにゆだねることなく、これを放棄し、一斉授業により「確実」に教え込んでしまった方が楽である。

これまで営まれてきた多くの授業は、こうした考えから「教える」授業として展開されてきたのではなかっただろうか。

5　親の学習参加へつなげる

「育ちゆく体とわたし」の単元は、学校の生活だけではなく、家庭生活を含めて自身の生活をまるごととらえる必要がある。明美のグループが着目したように、「習い事」「帰宅時間」「睡眠時間」は、家庭における生活の課題でもある。であれば、学校における学びを家庭や地域に開く必要がある。附属小の公開研究会は、保護者にも公開しているため、子どもが直面している課題を子どもがどのように考えているのか、保護者も認識できる機会となる。

現在、子どもの置かれた生活環境は、「『育ちゆく体とそれを阻害する環境（社会）』との間で課題に直面している。習い事は、今後の『わたし』の進路を規定するために大切であり、睡眠を削りながら、日々『育ちゆく体』を犠牲にしている」現実を親（保護者）の学びにもつなげながら展開することができるだろう。

学校は、「保護者も学校に参画し、子どもの育ちと学びを中心にした地域における学びの環としての機能[*23]」を持っている。

藤田さんは、親（保護者）の学習参加までを求めることはなかったが、「育ちゆく体とわたし」の単元は、その発展と可能性を示した内容としてとらえることもできる。

6 藤田実践のすばらしさと課題
—グループのつなぎ方—

以上に紹介した藤田実践について、3点振り返っておきたい。

第一に、子どもが高い課題に支えられながら、自己の考えを振り返ることができること、そして、他者の考えと出会い、向き合う時間（活動的な学習の時間）が十分に確保されていること。

第二に、教師が求めている答えを察して（正答を）解答する子どもたちが、自らの本当の考えを表現できるようになったこと。これを可能にしたのは、藤田さんが一方的に何かを与えようとするのではなく、授業の中で生起する子どもの考えを丁寧に聴きとり、個々の表現と話し合いを見まもろうとする態度が、子どもたちに安心感と表現の自由をもたらした。

第三に、藤田実践では、それぞれのグループ内での話し合いは活発に行われたものの、グループ間の共有は上手くいかなかった。

藤田さんは、各グループの発表を行うことで、クラス全体への共有を試みた。しかし、グループの発表をもって、クラス全員に考えが共有されるほど、グループ間のつながりは単純ではなかった（「グループ間の共有」「つなぎ方」に対する配慮については、第Ⅰ部第４章で改めてとりあげる）。

私がこれまで附属小で感じていた「準備されすぎた授業」の様子は、藤田実践を通して、「聴く（listen）」ことを大切にする教室へと静かなる改革を歩みはじめていた。

２年後、私は藤田さんの実践からさらに学ぶことになる。この実践は第Ⅲ部第10章にて確認したい。

「ねえ、これどう考えたの？」――他のグループの考えを聴き、自らの考えとどこが同じで、どこが違うのか、その差異から学びは生まれる

第4章 少人数グループによる学び合い

――表現し、響き合う子どもたち――

近年、少人数グループによる「学び合い」が注目されている。しかし、教室をのぞいてみると、「グループ学習のスタイルを取り入れること」=「学び合い」と理解されている側面がある。

少人数グループによる学習は、1990年代から展開されている「学びの共同体」実践校において共通して見られるスタイルでもある。同実践校では、いずれの教科、いずれの授業においても、グループ学習のスタイルによる授業が展開されている。なかでも、「学びの共同体」パイロット・スクールである静岡県富士市立岳陽中学校においては、改革の柱の一つとして、「作業的な活動」と「少人数グループの話し合い」と「発言の交流と共有」の三つの要素をすべての授業に取り入れ、一人ひとりの経験の内側に学びを生み出してきた。[*24]

2017（平成29）年に告示された学習指導要領改訂のキーワードとして、「主体的・対話的で深い学び」（または、「アクティブ・ラーニング」）が注目されて以降、一気に「グループ活動」といった言葉が広がったが、「グループ活動」とはどのような活動のことを言うのか。また、授業に「グループ活動」を取り入れる意味はどこにあるのだろうか。

1 「よい授業」を追い求めて

私は二十数年前より、神奈川県茅ヶ崎市立浜之郷小学校や静岡県富士市立岳陽中学校、東京大学教育学部附属中等教育学校、広島県立安西高等学校をはじめとする「学びの共同体」実践校[*25]に足を運びながら、「作業的な活動」と「少人数グループの話し合い」、「発言の交流と共有」について、実際の授業と子どもの「学び」の姿からその多くを学んできた。

全国の学校をまわってビデオに収めた教室の記録は、必ずしも保健の授業に限らない。むしろ、各教科で展開される授業は、保健の授業を相対的に考える貴重な機会であった。大学院生時代より授業を映像に記録し、帰宅後、繰り返し、その授業とフィールドノートを見返す日々が続いた。

学校に身を置きはじめた頃の私は、理想的な授業の型（上手に教える技術）を探し求めて、ただ闇雲に学校をかけずりまわっていた。そうした意識もあって、私が求める「よい授業」にはなかなか出会えず、疑問ばかりが積もっていった。すばらしいとされる実践者に出会いながらも、授業を見ても「何がよいのかわからない」といった状況が続いた。

今振り返れば、教師の教授活動（技術的な側面）にばかり注目し、目の前で展開される子どもの学びの姿が見えていなかった。というよりも、子どもの姿を見ようとせず、ただ「どうすれば上手に教えることができるのか」といったよい方法や教授技術、スキルを授業の中に追い求めていた。

2 「よい授業」といった価値観の崩壊

悶々とした日々を過ごしながら、東海地区のある中学校の数学（「よくまわるコマを作ろう──『重心』の求め方」）の授業を参観する機会があった。私はその授業に大きな衝撃を受けた。

教師は、授業のはじめに、一人ひとりに厚紙を切って作った三角形と針の長い画鋲を配布した。そして一言、「この三角形のどこかに画鋲を刺してまわすとよくまわるコマができる。どこに画鋲を刺したらいいのかグループで結論を出しなさい」と問いを投げかけた（授業は、男女混合の４人１グループ〈全９グループ〉で編成されていた）。

驚いたのは、教師が50分の授業で、主だって発言したのは、この一言だけだったことである。それにもかかわらず、生徒たちは一人残らずよくまわるコマを完成させ、「重心」と「内心」の求め方と性質を学んでいた。

「何だこの授業は！」

教師が「問い」を一つ発しただけで、生徒の学びが成立したのである。

この授業がきっかけとなり、私がそれまで追い求めていた「よい授業」とは、教師がテクニカルな教授技術を駆使して展開する授業であったことを認識させられた。私は、「学び」の主体が子どもであるにもかかわらず、教師主体の「よい授業」を探し求めていたのである。

このときから、「よい授業」といった価値観は脆くも崩れ去り、授業の「良し悪しではなく、子どもの事実から学ぶこと」が授業へ参加する上での私のテーマとなった。子どもの事実には、学びが生まれた瞬間もあれば、学びが閉ざされた瞬間もある。その事実がどのような文脈の中で生起したのか、その事実関係を見ようと思ったのである。

プロローグの冒頭でも述べたように、「学び」は、一人ひとりが個々の内側で意味を構成する「経験」であり、それは、単に学校において与えられた知識や技能を受動的・機械的に習得することを意味するものではない。*26

私は、この授業に出会うまで、教師の効率的な「教える」技術的側面を追い求め、「よい授業」という「定型化された授業モデル」へと自身の考えをあてはめようとしていた。そのため、「学び」の主体である子ども一人ひとりが内側で構成する個性的で個別的な「意味の経験」が見えなかったのは当然である。

「よい授業」を追い求めていた私の傲慢な考えは、子どもたちの学びの前で暴露され、それを捨て去ったとき、はじめて「学び」が見えるようになってきた。

3　主体的参加とグループ活動 ―「よくまわるコマを作ろう」―

では、学びの様子を、先に紹介した数学の「よくまわるコマを作ろう」の授業展開から確認してみよう。

授業は、一人ひとりに厚紙を切って作った三角形と針の長い画鋲を配布したあと、「この三角形のどこかに画鋲を刺してまわすとよくまわるコマができるが、どこに画鋲を刺したらいいのかグループで考えて結論を出しなさい」との問いから始まった。

男女混合（各2名）の市松模様に配置された4人1グループ（全9グループ）の中には、しばらくの間、静寂な時間が流れた（自己内対話の時間）。少しすると、綾子がその沈黙を破り、机からコンパスを持ち出して、角の二等分線を引き始めた（図1‐6）。それを見た向かいの席に座っていた亮二も同じように角の二等分線を引き、交差する点に画鋲を刺してコマをまわした。ところが、亮二のコマはよくまわるコマではなかった。綾子は、慎重に、ゆっくりと、正確に線を引いて、亮二の次に「私のコマはどうかな」と言ってコマをまわしてみた。ところが、綾子のコマもよくまわるコマではなかった。

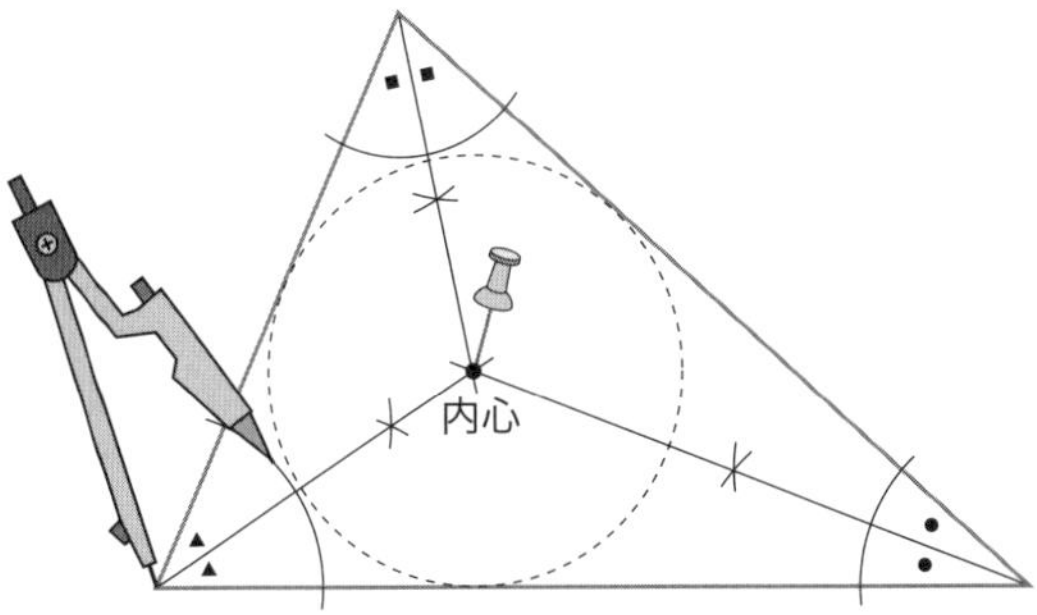

図1-6 「内心」の求め方

この展開を見ていた同じグループの美緒と久志の2名も、「確かめてみなくては」と思ったのか、同じように角の二等分線を引き、画鋲を刺してコマをまわした。結果はこれも同じで、よくまわるコマではなかった。

その後、クラス全体に角の二等分線のやり方が伝播し、よくまわるコマができないまま、教室は混沌とした空気に包まれた。結論が出せないまま、時間だけが流れていたが、教師はその状況を辛抱強く見まもり続けた。すると生徒たちは、画鋲を色々なところに刺しながら、バランスのとれるところを探し、しばらくするとバランスのとれそうな点と三角形の頂点を結び、その延長線に各辺の中点が位置することを突き止めた（図1-7）。

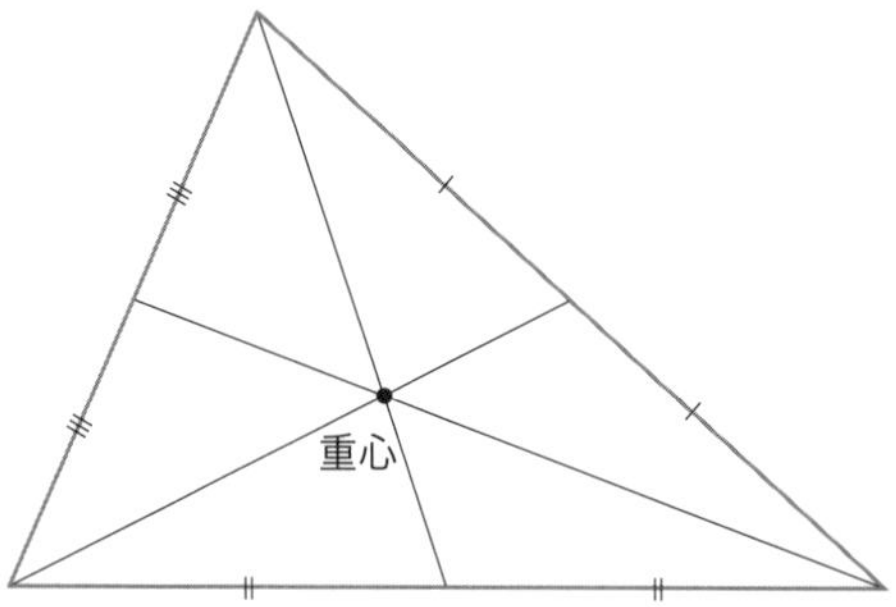

図1-7　「重心」の求め方

「あっ、まわった」との声に、クラス全員が、なぜコマがまわったのか、その点の位置の求め方に注目が集まった。それでもやってみなければわからないと全員がよくまわるコマを作って、本当にまわるかを確かめていると、ある男の子が、「教科書に『重心』と書いてあるぞ」、「バランスがとれるから『重心』って言うのかな」との発言が飛び出した。さらに、「さっき、角の二等分線で求めた点は、『内心』と書いてあるぞ」との声も聞こえ、生徒たちは、自らの力で「重心」と「内心」の求め方とその性質にたどり着いた。

以上のように、グループによる「作業的な活動」は、一人ひとりが主体的に授業に参加し、自らの疑問や意見を表現しやすい状況を作り出

写真1-2　一斉授業において、わかる子が手をあげて進行する授業

写真1-3　4人グループによる活動（自分の意見を表現しやすい）

していた。

通常、40人学級における一斉授業では、わかる子が手をあげて、教師はその意見をとりあげながら授業が進められる。こうした授業では、クラス全員が個々の意見を表現するのは難しい（写真1‐2）。しかし、4人グループでならば、個人個人が隣の子に小さな疑問でも表現できる状況を生み出すことができる（写真1‐3）。また、頭で考えるだけではなく、実際にやってみること（「作業的な活動」）で、自らの考えを確かめながら進めることができる。

4 グループとは何人か ―5人グループで泣き出してしまった子―

一斉教授法における授業スタイルでは、学級の一人ひとりが何を考えているのかを見とることは容易ではない。一方、教師の立場からすると、グループ学習は、一人ひとりの様子を把握しやすい状態を生み出す。では、グループとは、いったい何人グループがよいのだろうか。

ここで一つのエピソードを紹介しよう。

千葉県内の小学校で行われた6年生の「薬の害」の授業（保健指導）において、5人グループでの活動中に泣き出してしまった子を目にしたことがある。

その授業は、①錠剤の薬をオレンジジュースと水で飲むパターンと、②顆粒状の薬を炭酸水と水で飲むパターンを想定し、その溶け方の実験から薬の形状による用法を学ぶ授業であった。

薬の形状は、服用してから臓器における消化・吸収に至る過程を計算して作られており、オレンジジュースに入れた錠剤は、水とは異なり溶け方が早く、炭酸水に入れた顆粒状の薬は、泡だってすぐに溶けてしまった。この実験から、水や白湯以外で薬を服用すると、溶け方に差が出てしまい、溶解から吸収に至るプロセスで、薬の効力に影響が出てしまう結果が示された。

この実験は、用意周到に準備されていた。しかし、実験は5人1グループで進められたため、机を寄せ合うと一人がはみ出してしまう配置となっていた。

5人グループで、一人はみ出した位置に座っていた健二は、実験と聞いて薬を水に溶かしてみたくてソワソワしていた。しかし、他の4人が手の届くところで実験ができたのに対し、健二だけが実験器具には手を伸ばせずに、実験に参加できない状況であった（図1‐8）。

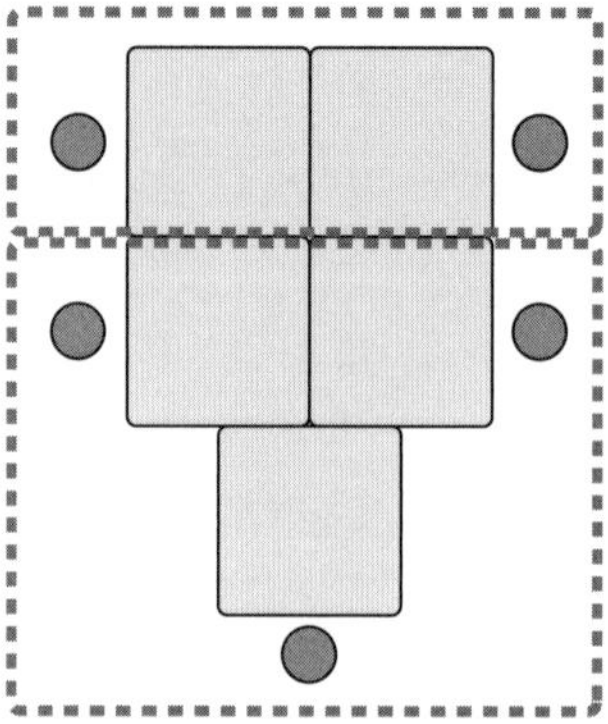

図1-8　3対2に分かれてしまう5人グループ
（または、4対1に分かれてしまう）

実験したいのに実験器具に手が届かない。様子を観察したいが、それも遠くてできない。実験に参加できなかった悔しさから、健二は泣くことしかできなかった。

健二と同じく、他の4名も実験と聞いて、やってみたい意識が強く、他者への配慮もできていない状況であった。教師はこうした状況に気づいて健二をなぐさめたが、彼がその後、グループの活動に参加することはなかった。

グループ活動は、一人ひとりが自身の考えを表現しながら、主体的に参加できる状況を生み出すスタイルであるが、健二の例のように、グループの人数によっては、学びの成立が困難になることを示している。

5　4人グループをつくる

私が訪問してきた学校では、グループ活動は、男女混合の4人グループ、または3人グループで授業が進められていた[*27]。

なぜ、男女混合の4人グループなのか、それは、子どもの学ぶ姿を見ていれば理解できる。

近年、多くの学校においてグループ活動が取り入れられているが、単にクラスの人数の割り切りやすい5人グループや6人グループで進められている教室がある。しかし、5人グループは、人数が多すぎて、受け身となってしまう子ども（いわゆる「お客さん」）が出てしまう。また、5人グループが、3人と2人に分かれてしまい、一グループでの学びは成立しにくくなる（図1‐8）。

これに対し4人グループは、子どもたちにとって学びやすい適切な人数とされ、さらに、男女混合とするのにも理由がある。

例えば、中学生男子のみの4人グループの場合、答えを導き出す議論を飛ばして答えを適当にグループの考えとしてまとめてしまう傾向がある。

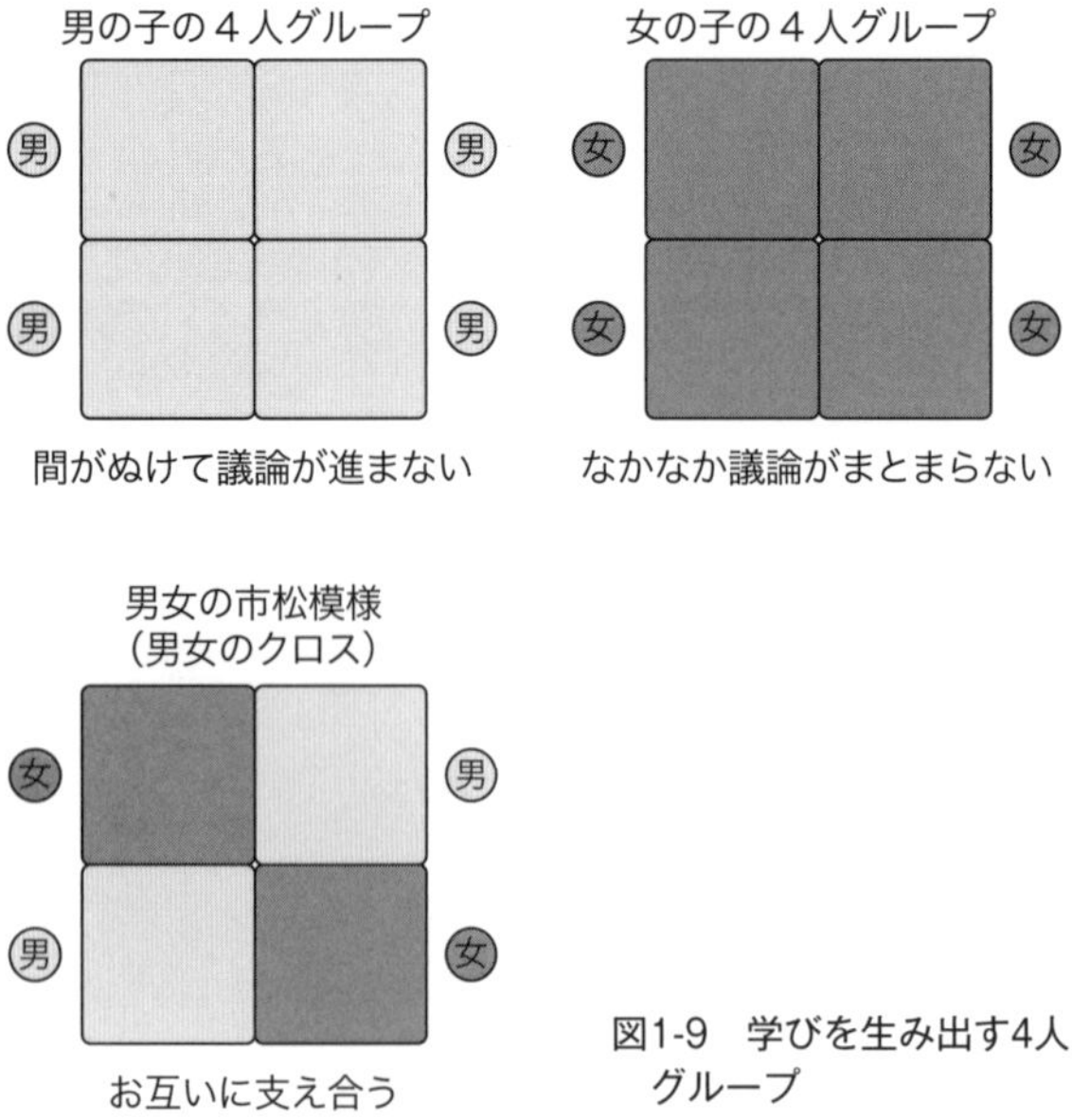

図1-9　学びを生み出す4人グループ

一方、女子のみの４人グループは、なかなか議論がまとまらない状況に陥ることが多い。

その点で、男女混合のグループは、男子が唐突に出した答えに対して、女子がその理由を丁寧に聴きとり、それぞれの考えや答えをつなぎながら話し合いのバランスをとってくれる。このように、男女混合のグループ（男女の市松模様）では、それぞれの特徴を補いながら活動が進む（図１‐９）。

子どもたちの学びを考えた場合、４名（または３名）の少人数グループによる活動は、５名または６名のグループとは異なる学びの状況を生み出す。

6　子どもたちの言葉で響き合う ―「他者の言葉」が「自身の言葉」となる―

グループ活動において、子どもたちの様子をうかがっていると不思議な言葉で響き合っている場面に出会うことがある。

小学校5年生の授業において、「みな美ちゃん、この問題の解き方がわからないんだけど、どうやって解いたの？」と聞かれたみな美は、哲也に自身が考えた解き方を説明した。哲也が「な〜るほど、なんとなくよくわかった」と言いながら納得し、同じグループの子どもたちも、哲也のつぶやきに同意して「なんとなくよくわかったよね」とうなずいていた。

「なんとなくよくわかった」という表現は、大人からするとおかしな表現だが、子どもは、持てる語彙力を最大限に活かしながら、子どもなりの表現で響き合っていた。

一方、教師からこのような矛盾した言葉が発せられることはない。教師の言葉は子どもには洗練されすぎていて伝わらないことがある。子どもが日常生活で使用しない言葉は、リアリティを喪失しているため、こうした言葉で響き合うことは難しい。だから、個人の文脈に即して出てくる言葉のコミュニケーションが重要なのである。

ここで見られる子どもの言葉のやりとりは、なかば「他者のものである言葉を自身のものにする過程」である。一方、教師の言葉は、子どもにとって日常ではあまり使用しない洗練された言葉であるがゆえに、「自身（子ども）」のものにできない。このため、「他者（教師（大人））のものである言葉」によって学びを生み出すことができないのである。

これについて哲学、言語学で知られるミハイル・バフチンは、次のように表現している。

「言語の中の言葉（the word in language）は、なかば他者の言葉である。それが〈自分の〉言葉となるのは、話者がその言葉の中に自分の志向とアクセントを住まわせ、言葉を支配し、言葉を自己の意味と表現の志向性に吸収した時である*28」

つまり、表面的な言葉（中性的な言葉）の中に自身の志向や自己にとっての意味がともなっていない（非人格的な言語）限りは、響き合うことはできないし、学びも生まれることはない。言葉の中に埋め込まれている自身の志向や意味を、子どもが今持てるボキャブラリーで表現し、コミュニケーションによって、これを〈自身〉の言葉とする過程、これが個々の内面の経験として学びへと誘う。

グループ活動は、子どもが思ったこと、考えたことを自らの言葉で表現し、聴き合える状況を作り出す。グループにおける「発言の交流と共有」はそうした意味において重要なのである。

グループ活動の人数は、クラスの子どもが一人残らず自身の考えを表現することができること、さらに聴き合えることが条件となる。

7 「わかる」の4段階 ―「互恵的な学び」へ―

先にあげた「なんとなくよくわかった」との表現で響き合っている子どもたちは、何をわかったこととして共有しているのだろうか。私は、「わかる」のとらえ方について、子どもの表現に即して表1-2に示した4段階でとらえることにしている。

「わかる」の第1段階は「自分でわかったつもりになった段階」である。本当にわかっているのかどうかを確認するためには、「わかった」という子どもに対して、「隣のわからないと言っている友達に説明してごらん」と言って説明してもらう。すると、「わかった」と言

表1-2　わかるの4段階

第１段階	自分でわかったつもりになった段階
第２段階	相手に説明できる段階
第３段階	相手に納得いくように説明できる段階
第４段階	相手のわからないところがわかる段階

「わからない」と言える教室をめざす

う子の中には、「説明できない子」がいることに気がつく。説明できず言葉に詰まっている子は、「わかったつもり」の段階にとどまっており、本当はよくわかっていない。

第2段階の「わかる」は、「相手に説明ができる段階」である。しかし、隣の子に説明ができたとしても、その説明は、相手の納得が引き出せる説明ではなく、自分勝手に説明をしているにすぎない。第2段階の「わかる」は、説明はできるが相手の納得を引き出すことができない段階の説明にとどまっている状態である。

第3段階は、「相手に納得がいくように説明できる段階」である。

本当にわかっているかどうかを見極めるには、第2段階の自分勝手な説明(他者の理解に配慮することのない説明)と第3段階の相手の納得を引き出せる説明とを分けて考える必要がある。第2段階と第3段階の違いは、「相手の納得を引き出せるかどうか」にある。

第4段階は、「相手のわからないところがわかる」段階である。第4段階は、第3段階と密接に関係しており、「相手に納得がいくように説明できる」ためには、「わからない」と言っている子がどこでつまずいているのか、それをどのように説明すればわかってもらえるのか、本当に「わかる」とは、「相手のわからないところがわかること」で、はじめて納得を引き出せる。

以上に見られる子どもの関係は、できない子どもが、できる子どもから教わるといった教わる側の子どもにだけ効果があるのではない。説明する子も一緒に課題に取り組みながら、かつ、説明を受ける子も援助を受けながら、相互に聴き合う過程で、お互いに理解を深める「互恵的な学び（reciprocal learning）」である。場合によっては、「わかった」と思って説明をしながら、本当は「わかっていなかった」ことに気づくこともあるだろう。学び合う関係は、相互の学びを豊かで確かなものにし、協同で形成される「アプロプリエーション（領有）」（「公有」と「私有」が同時に成立する状態）としての学びを生み出す。*29

以上のように、子どもたちの多様な「わかる」の段階を見極めるには、子どもたちの表現から「学び合い」を見とらなければならない。

8 「わからない」ことの共有

教師は、「教える」といった職務の責任から、どうしても、「わからせよう、わからせよう」としてしまい、「わかる」ことの共有を求めてしまう。しかし、逆説的であるが、「わかる」ことの共有を目指すと、どうしても「わからない」子どもが出てきてしまう。一方、「わからない」ところ、または、どこでつまずいていて「わからない」のか、「わからない」ところがどこなのかを共有するならば、「わかる」ようになる。

つまり、クラス全員が「わかる」ためには、「わかる」共有よりも「わからない」ことの共有が重要なのである。

「わからないことがわかる」と「知らないことを知る」は意味が違う。「わからない」の共有とは、「わからない」に向き合ってわからせようするのではなく、なぜ間違っているのかを理解することである。

以上のように「学び」は、わからない子の「わからない」につきあいながら、クラス全員が「作業的な活動」と「少人数グループの話し合い」と「発言の交流と共有」をとおした活動によって生み出される。

さらに、そこで重要なのは、「わからない時に相手に援助を求められる雰囲気や関係づくりと、質問できる能力であり、教える人—尋ねる人の固定化が同じ仲間同士の中で力関係の固定化をもたらさないようにするという配慮[*30]」である。そこに、「わからない」と言える教室のすばらしさがある。

「ん～、この問題よくわからないな～」――なぜわからないのかが「わかる」とみんなが「わかる」ようになる

第Ⅱ部

保健の「学び」が生まれるとき

第5章 子どもの学びに焦点化した授業研究

―「学び」を切る言葉、「学び」へと誘う言葉―

私はこれまで多くの校内研修に参加をしながら、子どもの学びの様子とともに教師の学びを観察し、研修のあり方について模索してきた。校内研修に参加をした教師は、公開された授業と事後研究から何を学び、自らの実践にどのようにフィードバックしているのだろうか。

1 子ども不在の校内研修

これまでの校内研修は、授業後の事後研究会において、授業者への賞賛や指導案への細やかな点検と質問、さらに、授業のある局面をとりあげて、この場面では「ああすればよかった」とか「こうすればよかった」など、授業計画や教授技術に注目した議論に終始していた。賞賛や指導案への質問については、子どもの学びと関係して問われることは希《まれ》であった。そして、「ああすればよかった」との仮定の話は、教室での事実にもとづいていないことも多く、実際にやってみないとわからないことから、出された意見が正当な指摘なのかどうかもわからなかった。

このような意見は、ベテランと言われる教師から若い教師へのアドバイスとして行われがちであり、指導助言者として参加する大学教員や指導主事らのコメントも同様であった。経験ある立場から発せられる意見は、理論武装されているように聞こえてしまうためか、正当性あるコメントのように伝わってしまう。しかし、そのコメントの内容は、教室で生起する事実にもとづいて語られることは多くはないし、子ども不在の議論になりがちである。これ

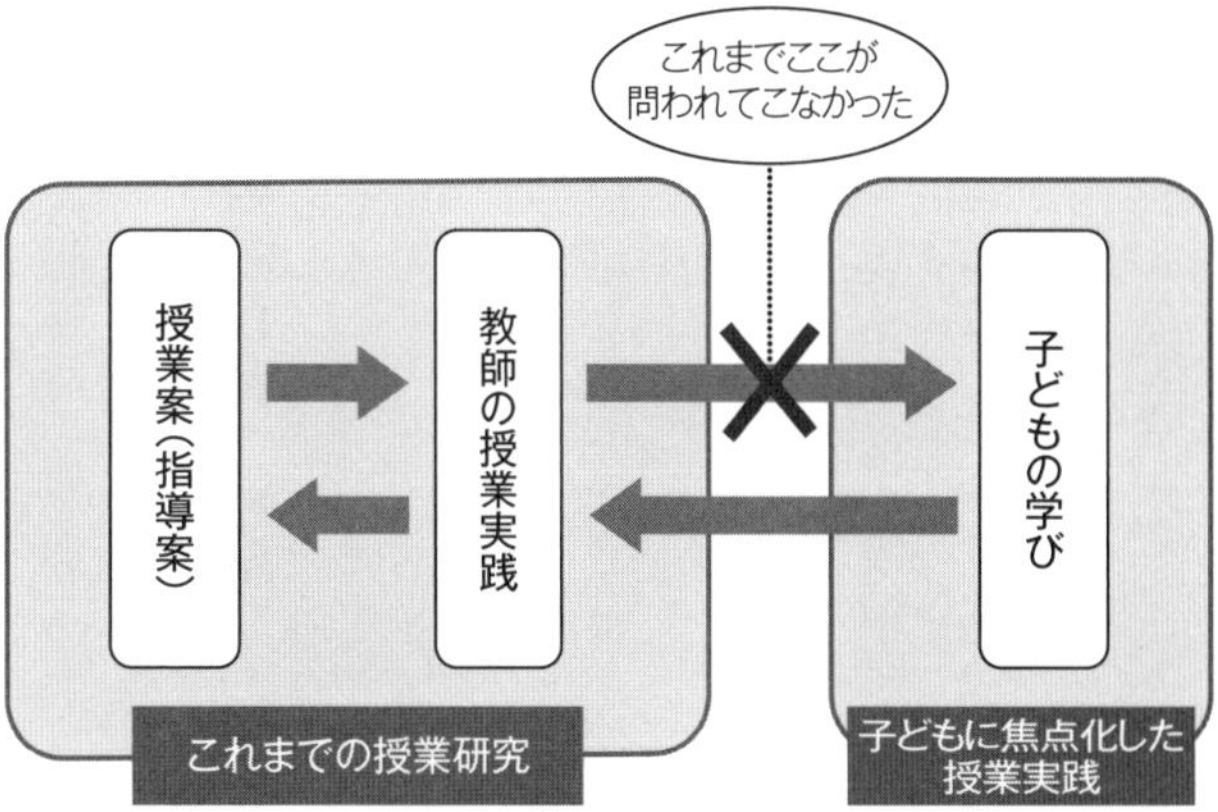

図2-1　校内研修の課題（子どもの学びに焦点化した授業研究）*

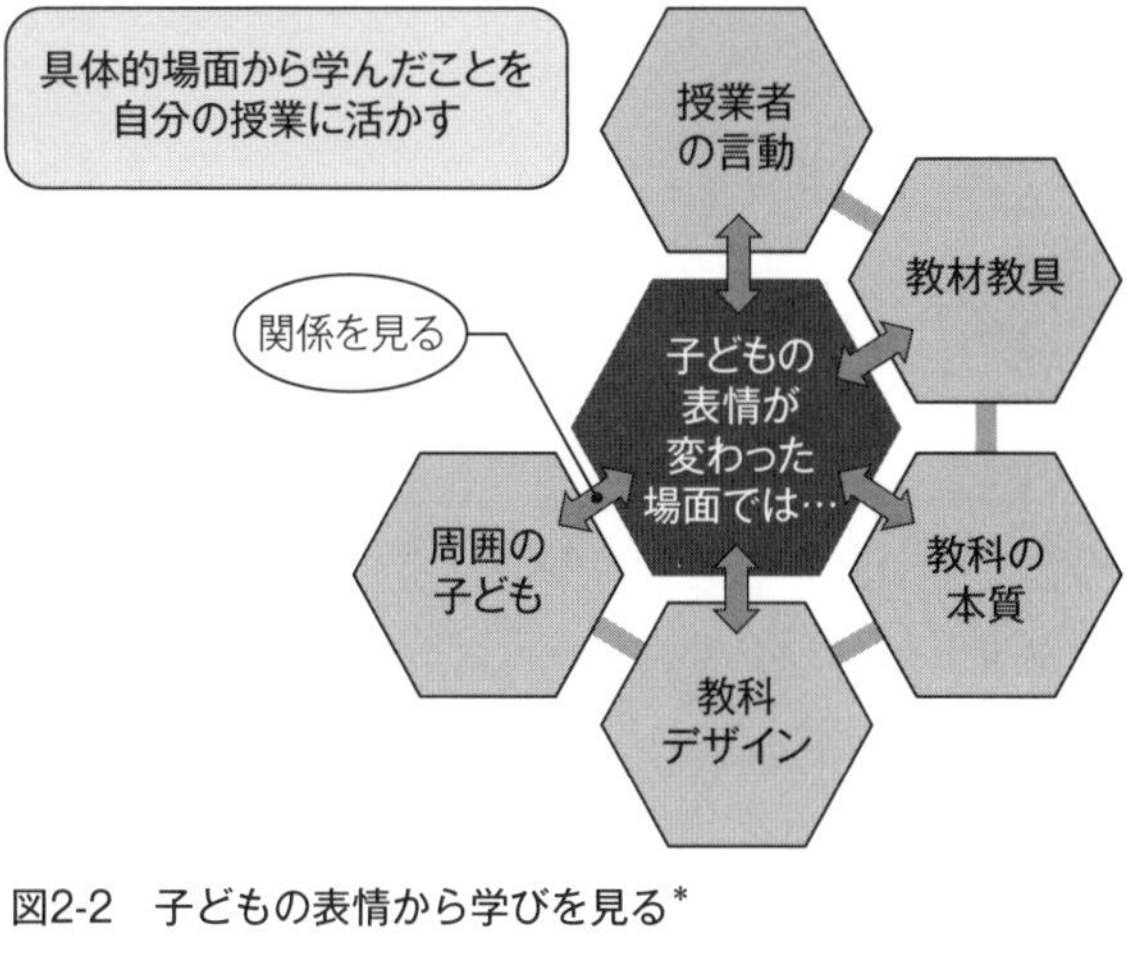

図2-2　子どもの表情から学びを見る*

では、授業を公開した意味がない（図２‐１）。

では、校内研修は、何をどのように学ぶ場なのだろうか。

２　教師が育つ学校 ―関係を見る―

教師が育つ学校では、同僚間のコミュニケーションの中心は「子どもの学び」に焦点化されている。

図２‐２に示した関係図から、校内研修（事後研究会）における教師の学びについて確認してみたい。

事後研究会では、教室で生起した事実として、「子どもの表情が変わった場面」をとりあげながら、「なぜ子どもの表情が変わったのか」を学びが生まれるコンテクスト（文脈）、または学びが閉ざされたコンテクストの中で議論する。

表情が変わった理由は、「授業者の言動」と関係してなのか、それとも「教材教具」や「教科の本質」にふれてなのか、または「周囲の子ども」との対話によってなのか、このような関係を具体的場面の中から読み取っていく。

子どもたちの学びは教師の働きかけによって左右される。そのため、教師から発せられる言葉は、吟味され、責任ある言葉として発せられなければならない。

しかし、実際には、教師は漠然とした感覚の中で、反射的に言葉を発してしまう。その咄《とっ》嗟《さ》の対応と感覚は、自らの被教育経験に支えられている場合が少なくない。自らの被教育経験は、正当な根拠になるとは限らないため、一旦立ち止まって、学びを生み出す言葉なのか、学びを切る言葉なのか、発する言葉は後の授業展開にどのような影響を持つのかを熟考（deliberation）しながら発せられなければならない。

では、教師と子どもの学びの関係について、次の例から確認してみたい。

3 教師にとって都合のいい言葉 ―「他には」「後でね」「わかった?」―

ここで、教師が多用する言葉として、「他には」「後でね」「わかった?」といった言葉に注目してみよう。これらの言葉は、授業を展開する上であまりよい言葉ではない。

「他には」という言葉は、子どもにどのように受け止められるかといえば、「あなたの考えは間違っているから、誰か他に答えられる人はいますか?」といった答え（正答）探しの意

表2-1　学びを「切る」言葉、「つなぐ」言葉

学びを「切る」言葉	学びを「つなぐ」言葉
教師からの一方的な発信（要求：claim） 主張、同意	受信（聴く：listen） 聴く（傾聴する）、つなぐ

味として伝わる。つまり、間違った答えをバッサリと切る言葉として子どもに受け止められる。これでは自らの考えを一生懸命表現した子どもは傷つくし、これを繰り返していると、自信のない子どもは手をあげなくなる。

また、「後でね」という言葉も、「あなたの考えは、求めている答えではないから、もう少し考えていてね。また後でね」といった意味として伝わる。一見考えを見直すようにうながしている言葉のように思うが、授業時間内に（後で）その子の考えに戻ってくることはない。「後でね」という言葉は、その場をしのぐために教師が都合よく使用することが多い。

さらに、「わかった？」という言葉も、子どもの受け止め方によっては、「みんなわかったよね、わからないって言わないでね」と教師からの同調圧力に感じられることがあり、これを押して「わかりません」と言える子どもはほとんどいない。このようなことを続けていると、子どもは、「学校の秩序に硬く心身が縛られて、自分を表出・表現」[*31]できなくなる。

一方、つなぐ言葉として、「誰の意見を聴いてそう考えたの？」「あなたのできるところまででいいからやってごらん」「〇〇さんの意見とどこが違うの？（または同じ？）」などがあげられる。

学びを「切る」言葉は、教師からの一方的な発信（要求：claim）であるのに対し、「つなぐ」言葉は、受信（聴く：listen）を基本としている。

前者は「主張」と「同意」を求めて発せられる教師の言葉であるが、後者は、個々の考えの「差異」を大切にし、「聴くこと（傾聴すること）」「つなぐこと」を中心に置いている。

このように教師から発せられる言葉は、子どもを学びへと「つなぐ」だけではなく、学びを「切る」場合、その言葉は暴力性を持ち合わせているといった認識が必要である。

4 教師が発する言葉の意味 ―「応急手当」の事後研究を例に―

では、「授業者の言動」と関係した具体例として、第Ⅰ部第2章で紹介した東京大学教育学部附属中等教育学校の廣井直美さんの実践（中学校における「応急手当」の授業）を振り

表2-2　各グループの“ミッション”

①Aグループ：目の前で起こった交通事故者の救助（交通事故） ・状況：某区路上にて、車にはね飛ばされた人が道路中央線近くで倒れている。事故を起こしたドライバーは救助を手伝ってもらえる状態ではない。 ・傷病者の状態：意識なし、呼吸なし。上腕部より中等度の出血とともに額からも出血。
②Bグループ：登山における滑落者の救助（転落事故） ③Cグループ：駅構内で突然倒れた女性の救助（急な疾病） ④Dグループ：震災における家屋の倒壊での救助（大地震後の家屋の倒壊）

返り、教師の発する言葉と学びについて考えてみよう。

廣井さんの実践は、〝ミッション〟と呼ばれる高い課題の提示からはじまった。ヴィゴツキーの「発達の最近接領域」の考え方に支えられた課題設定は、これまで試みられた保健授業の中でも挑戦的な実践の一つにあげられる。他方、授業の展開に目を向けると、「教師の一言（教師の言動）」が学びを切ってしまった例として、教師の発する言葉の意味を問い直す視点を与えてくれる。

授業は、4人1グループに編成された全4グループに対し、表2‐2の各ミッションが示された。詳細はすでに示した通りであるが、今一度、〝ミッション〟について確認しておきたい。

「①交通事故者の救助」について、Aグループに課せられた〝ミッション〟の内容は表2‐2のようなものであった（発表はAグループから順に行われた）。

Aグループが考えた応急手当の手技発表がなされた後、廣井さんは、「では、講評ですけど」と言って、よかった点と改善すべき点について、評価とコメントを行った。

続いてBグループの発表に移った。Bグループが手技を行っている中で、Aグループの生徒たちを見ると、発表時に使用した三角巾をたたみながら片手間にBグループの発表を眺めていた。自らのグループ発表はすでに終了し評価を受けていることから、Aグループの生徒たちにとっては自身のグループへの「講評」とともに授業は終了していたのである。

5 「学び」を切る言葉

廣井実践では、教師の「講評ですけど」といった発言が、各グループ間をつなぎ「学び」に発展する機会を閉ざす言葉となってしまった。その理由は、「講評」という言葉を受けて、生徒が授業を見切ったこと（その後の展開を想像できてしまったこと）にある。生徒から見ると、「授業の展開を見切る」＝「授業の終了」を意味する。

図2‐3のように、生徒たちは、Aグループが発表した後、「教師の講評」、Bグループの発表の後に、再度、「教師の講評」、さらに、「Cグループの発表→教師の講評」、「Dグルー

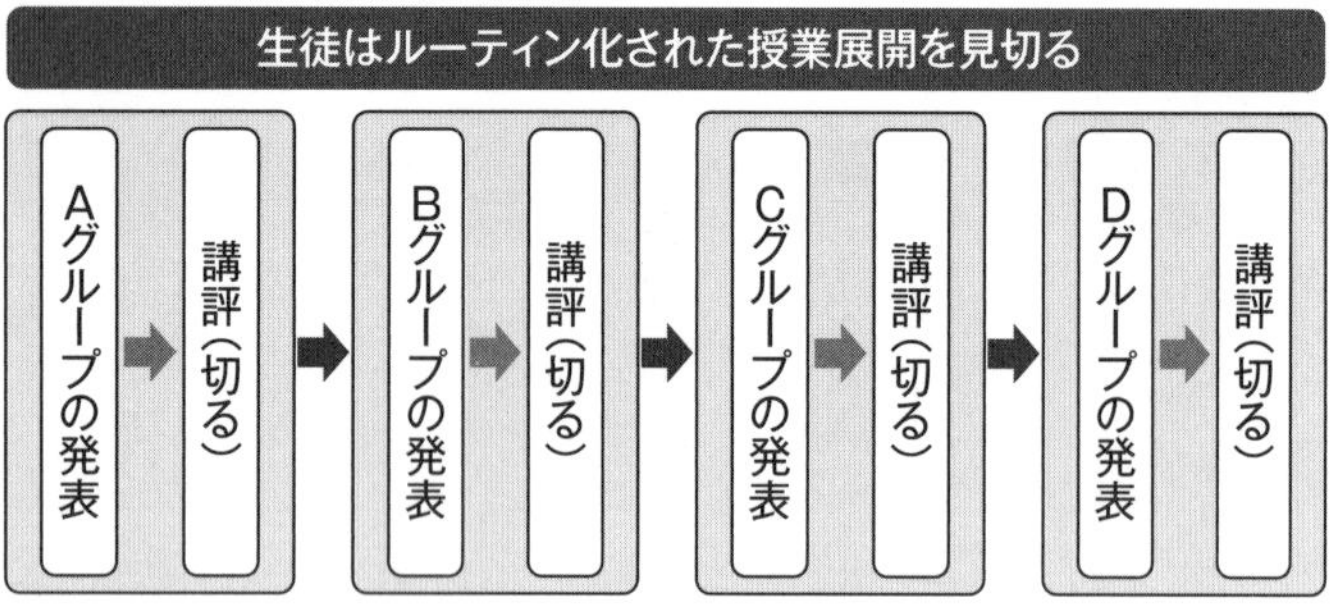

図2-3　教師の言葉（講評）で学びが切られた授業展開

プの発表↓教師の講評」と繰り返し、この授業は終了するだろうとルーティン化された展開を予想できた。

さらに、「教師の講評」は各グループにのみ向けられたコメントであり、課題が異なるグループにはコメントが届かない。そのため、グループ間の課題の共有が難しいことは事前に予想できた。しかし、廣井さんは、授業が展開される中で異なる課題をグループ間の課題としてつなぐこと、そして、クラス全体に課題を共有するには至らなかった。

本来、教師の仕事は、個と個をつなぎ、グループとグループをつなぎながら学びを生み出すことにある。しかし、「講評」といった一言が、グループ間の課題の共有を阻み、子どもたちの学びを切る言葉として機能してしまった。

本来、事後研究会では、右のような子どもの姿（教室での事実）について、なぜこのような状況が生じたのかを丁寧に読み解き、議論する必要がある。子どもたちの気になる様子や表情が変わった場面をとりあげながら、なぜ、そうした展開となったのか、また、子どもの変化がなぜ生じたのかを一つひとつ読み解きながら確認し、議論することが本来の事後研究会のあり方である。事後研究会における話し合いの積み重ねが、授業者が見えていなかった点を顕在化させ、課題を共有することで、明日からの授業に活かすことができる。

以上の例からも、具体的場面の中で子どもの学びを生み出すことがらや学びを切ってしまうことがらを確認すること、ここに授業公開と事後研究会（校内研修）の意味がある。

では、もう一歩進んで、廣井実践では、Aグループの発表が終わった後、「講評ですけど」との言葉ではなく、他のグループへつなぎ、学びを生み出すには、どのような一言が考えられたのだろうか。

6　どの場面をとりあげて、学びへつなぐのか

廣井実践において、Aグループの活動を他のグループにつなぐには、どうしたらいいのだ

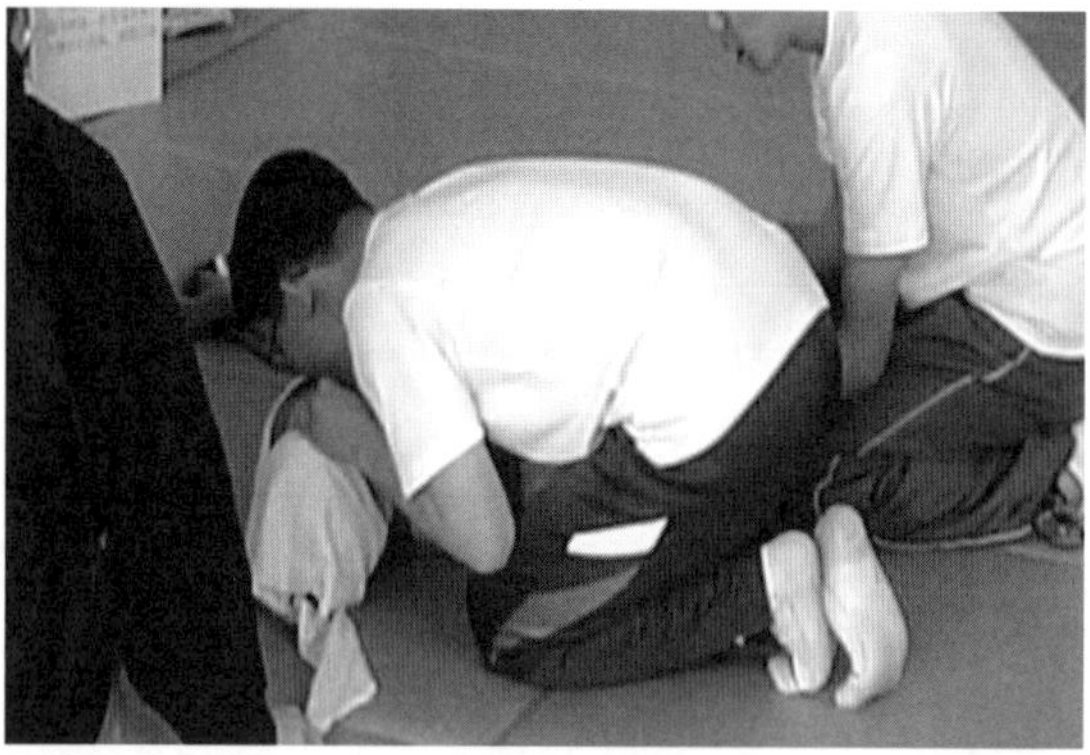

写真2-1　秀人による人工呼吸の場面（肘があがり頭部が固定されていない）

ろうか。そのきっかけとして、次の場面に注目してみたい。

クローズアップしたいのは、Aグループの手技の場面、人工呼吸を行っている秀人に対し、栄太が「肘をつけ、肘を」と注意を促す場面があった。秀人は、息を吹き込むこと（人工呼吸）に気をとられ、頭部の固定を忘れていた（写真２-１）。

ここで教師から、「栄太が『肘をつけ、肘を』と注意していたけど、人工呼吸のときに、なぜ、肘をつかなければならないの？」とAグループ以外の生徒に問いかけるならば、二つの意味で、後の授業展開につなぐことができる。

第一に、人工呼吸をするとき、「なぜ頭部の固定が必要なのか」をクラス全体で考えるきっかけになること、第二に、他のグループの発表をよく見ていなければ、教師から質問を受けた際に答えることができないことの2点である。

「栄太が『肘をつけ、肘を』と注意していたけど、人工呼吸を行うときに、なぜ、肘をつかなければならないの？」との問いが半強制的に子どもたちを学びに参加させる状況を作り出す。以上のように、教師が発する言葉が、子どもたちを学びへ誘うこともあれば、逆に逃避させてしまうこともある。

私が出会ってきた教師たちは、校内研修において、自他の経験から教師の言葉の重みに気づき、授業前に準備していた言葉を捨て、状況の中で選択された言葉を発することで学びを生み出せるようになっていた。

7 実践の中で学びをデザインする

校内研修では、先に示した図2‐2（79頁）、そして、図2‐4に示したような教室の事実、特に、子どもの表現や表情の変化などに注目し、学びが起こった瞬間をとりあげながら、目の前の現象と「教材・教具」「教科の本質」「授業者の言動」などとの関係を紐解《ひもと》き、解釈することが求められる。また、学びが閉ざされた瞬間についてもなおざりにせず、それらの関係に

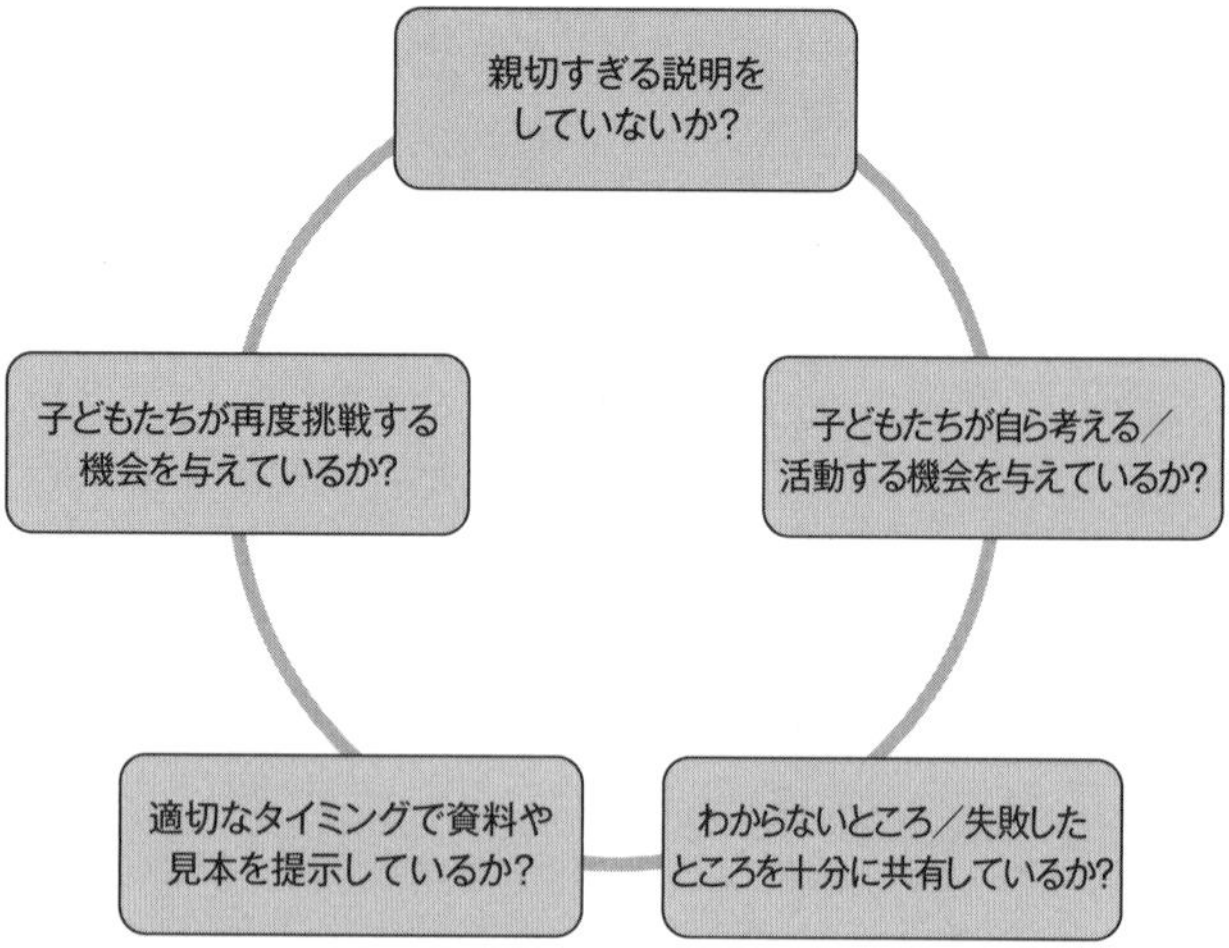
親切すぎる説明を
していないか?
子どもたちが自ら考える/
活動する機会を与えているか?
わからないところ/失敗した
ところを十分に共有しているか?
適切なタイミングで資料や
見本を提示しているか?
子どもたちが再度挑戦する
機会を与えているか?

図2-4　授業のデザインと授業の省察*

ついて丁寧に読み解くことが求められる。授業者が気づかなかった点（図２‐２のそれぞれの関係）を参観者が確認し、これを共有することで、今後の授業に活かすことができる。

なお、同じ場面を見ていても、関係が見える人と見えない人がいる。関係が見えないのは、その関係に気がついていないだけである。公開された実践の中で子どもの学びの姿を読み解き、共有する意味は、学びの関係に気づくためでもある。

これまでの事後研究会のように、賞賛と指導案への注目だけでは、「学び」を生み出す力にはならない。授業をデザインする力とは、指導案を詳細に作成

(preparation)し、これを着実に遂行する力ではなく、実践の中で突発的な子どもの発言に対応しながら学びを生み出す豊かで奥行きのある柔軟性である。

授業を参観する教師は、多くの場合、教室の後ろから観察しているのが常であるが、これでは子どもの学びを確認することは難しい。教室後方からの観察スタイルは、教師の教授行為にのみ関心を抱き、「教える」スキルを検討しようとしていた時代の名残である。そのため、これまでの事後研究会においては、子ども不在の議論となるのは当然で、指導講評も授業への漠然とした賞賛と指導案への指摘にとどまっていた。

これからの校内研修のあり方は、「教え方」ではなく、学びを切り拓く教師と子どもの関係、「教育内容・教材」と学びの関係、グループの仲間たちとの関係の中で一人ひとりが「何をどのように学んだのか」といった学びの姿に焦点化した授業研究に移行しなければならない。

ここまで見てきたように教師の専門性は、個別性が高く、即応的な対応の中で発揮される。よって、その専門性は、子ども一人ひとりの内面に生成する学びとともに検討されなければならない。

*図2-1、図2-2、図2-4は、埼玉大学教育学部・北田佳子作図を一部改変。

教師と子どもの学びを見まもる冨所博校長（八王子市立宇津木台小学校）
――校長の学校改革ヴィジョンが教師の「協同（cooperation）」と「協働（collaboration）」を生み出し、同僚性（collegiality）を育てる

第6章 「教材」研究から「学び」のデザインへ

―「教材のパッケージ化」と「学びの創造」―

ここでは、学びを生み出す「教材」の条件について考えてみたい。

学校では、「教材研究」といった言葉が日常的に使用されているが、その意味を明確に理解している教師はどれだけいるだろうか。

「教材研究」とは、授業を行うことを前提として、「授業でとりあげる素材を吟味・検討する教師の活動」[*32]とされる。

教師に「『教材』とはどのようなものですか?」と問うと、「教材」を明確に説明できる教師はあまり多くはない。「教材」を何となくはわかっているけれども、実際には、はっきりとわかっていないのだろう。

では、「教材」をどのようにとらえればよいのだろうか。

1 「教材」≠「教育内容」

「教材」は、「教育内容」とイコールではない。

例えば、教育内容が「人権」であった場合、教師は、「人権とはこのようなことである」と、教育内容をそのまま説明してしまう。これでは、「教える（教師）」―「おぼえる（子ども）」といった関係の中で授業が進行し、「人権」の辞書的な意味をそのまま子どもに教え込む形になる。この展開に「教材」と「学び」は存在しない。

保健の授業においても、教師が教科書の内容をそのまま解説することは少なくない。教師から提供される「情報」は、どんなに丁寧に伝達しても、子どもの立場からすると、「情報」の押し込みや「こうしなさい」といった規範として受け止められてしまう。

そこで、次の二つの授業から「教材」と学びの関係について考えてみたい。

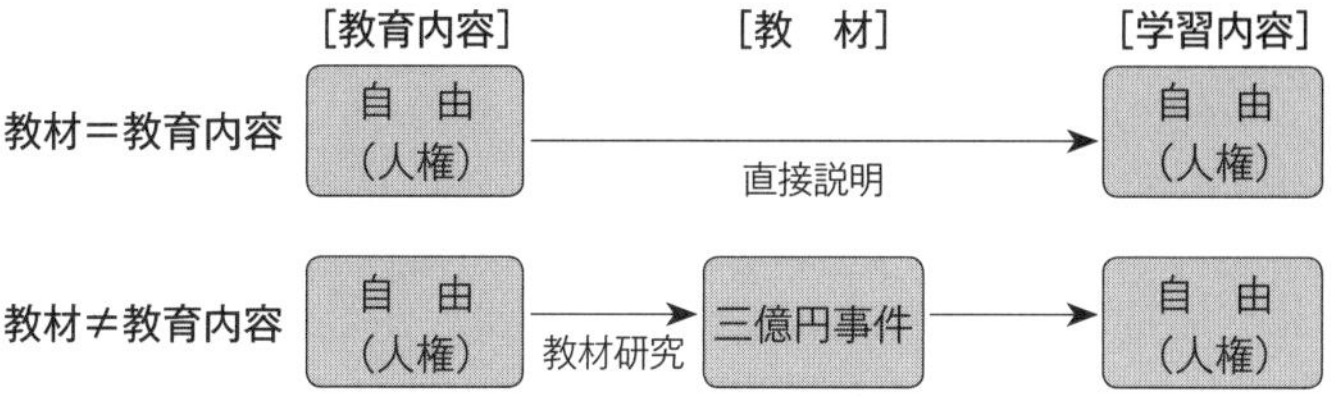

図2-5 佐久間実践「自由について」の「教材」の考え方

一つ目の例は、昭和の怪事件である「三億円事件*33」を教材とした、小学校社会科の「自由について」の授業（佐久間勝彦実践）である。*34

授業は、小学校6年生に、「人間にとって、もっとも、たいせつなものは、何だろう」との問いからはじめられた。この問いに対する子どもたちの答えは、「命」や「心」であった。その後、授業は「三億円事件」の話へと移行する。

「三億円事件」とは、1968（昭和43）年に東京府中市で発生した事件である。この事件は、昭和の未解決事件として注目され、今日に至っても映画化されるなど、大きな話題となっている。

授業では、「三億円事件」の犯人と疑われて誤認逮捕された容疑者が、冤罪《えんざい》でありながらも、マスコミの過熱報道と世間のまなざしによって、人生がめちゃくちゃになった事実を紹介した。一連の出来事を確認した後、子どもたちに再度「人間にとって、もっとも、大切なものは、何だろう」と問いを発したところ、「人権が一番大切」との考えが出されたのである。教師から「人権」の説明をすることなく子どもたちは、「三億円事件」（教材）を通して「人権」（教育内容）を理解したのである（図2‐5）。

つまり、「教育内容」と「教材」はイコールではなく、「教育内容」をどのような「教材」によって学習するならば、子どもたちの学びを生み出すことができるかを考えるのが「教材研究」である。

先に見たように、私たちは、「自由」や「人権」の授業を行うとき、「自由とはこのようなものである」とか「人権とはこういったことを言います」など、「教育内容」を直接解説・説明してしまいがちであるが、これでは、一方的に「教え込む（押し込む）」授業となってしまう。その結果、どうすれば効率よく「教えられるか」、どうすれば効率よく「おぼえてくれるか」ということに教師の興味関心が向くことになる。

2　もう一つの事例―「三権分立」の授業―

「教材」≠「教育内容」について、もう一つの例として、小学校社会科における長岡清さん[*35]の「三権分立」の授業を紹介する。

授業は、「『内閣総理大臣』と『衆議院議長』と『最高裁判所長官』では、誰の給与が一番高いか？」といった問いからはじまる。

この問いに対して、子どもたちは、一番偉そうな「内閣総理大臣」だとか、「内閣総理大臣」を法の下で裁くことのできる「最高裁判所長官」だとか、様々な理由とともに答えを導き出す。

この問いの答えは、「三者の給与は同じ」である。「司法」「立法」「行政」は三権分立であり、それぞれに差があってはいけないために給与体系は同じになっている。

この授業における「教育内容」は「三権分立」、「教材」は「三者の給与体系」となる。

以上に紹介した二つの授業では、「教材」は、「教育内容」の「学び」と関わって、真に「教材」としての価値（authentic）を持つ。

一方、私が参観してきた保健授業の多くは、教科書に記載された内容の解説や教師用指導書による説明にとどまっており、「教育内容」＝「教材」といった認識による授業づくり、「教材研究」が色濃く残っていた。

「教材研究」は、教師が特定の単元や授業づくりを念頭に置きながら、無数に存在する素材の中から特定の事象を「教材（何で学ぶか）」として選択すると同時に、「教育内容（教材を通して何が学ばれるか）」、「教育目標（何のために学ぶのか）」を同時に満たす必要がある。[*36]

教材の選択は、教師が素材に「蔵されているものを引き出す」（発掘する）ことであり、パッケージ化された既存の教材を授業にあてはめて、そのまま遂行するのではない。教材は授業者の解釈として、「必ず個性的なものであり、これ自体が一つの創造に近いもの[*37]」である。

3　子どもの内面に「問い」を立てる ―「健康の考え方」の教材を作る―

保健授業においてオーセンティック（真正）な学びが見られない理由は、教育内容の独自性に起因しているのだろうか。

ここで、高等学校学習指導要領保健体育科（科目保健）に位置づけられている「健康の考え方」（教育内容）の教材づくりについて考えてみたい。

私が大学で担当している「保健科指導法」では、「『教材』づくりから『学び』づくりへ」と題した講義の中で「真正な学び」とは何かについて考える機会を設けている。ここでとりあげる教材では、高齢化社会を必死に生きる老人（大井四郎さん）の「選択」に注目し、人々の選択に表現される「健康の考え方」の「差異」について学びを深めている。

２０１２（平成24）年、ＮＨＫ総合テレビでＮＨＫスペシャル「終《つい》の住処《すみか》はどこに　老人漂流社会[*38]」（本編49分）が放映された（現在「ＮＨＫオンデマンド」で見ることができる）。このドキュメンタリーは、直面する日本社会の高齢化問題として、これから見通される社会の危機について警鐘を鳴らしたことで、大きな反響を呼んだ。

そこで描かれた高齢者の姿は、「もはや自分の老後を、自らの手で選べなくなってしまった人たち（ひとり暮らしの高齢者）を描き、〝終の住処〟を持てない深刻な老後の事実[*39]」を伝えていた。番組では、介護施設に入れずショートステイを転々とするしかない身寄りなき大井四郎さん（88歳）の漂流生活が紹介されていた。

大井さんは、数ヶ月の漂流の後、入所できる施設が決まった。そして、入所の手続きにあたって、「もしものことがあった場合には延命治療を望むかどうか」の意思確認が行われた。

私たちは、大井さんと同じように身寄りのない立場であったとき、「延命治療を望みますか、望みませんか」と問われたら、多くの人は「延命治療をしない」と決断するのではないだろうか。しかし、大井さんは「延命してほしい」と回答した。

なぜ、大井さんは「延命してほしい」と答えたのだろうか。

延命を「望む」か「望まない」かを選択する人の考えには、その人の「健康の考え方」の特徴が現れる。そして、自身の判断とは異なる選択の考えを理解することによって、そこに学びが生まれる。

では、大井さんの置かれた状況を確認しながら、放映された内容に沿って「延命」を選択した理由を探ってみよう。

*　　*　　*

88歳の大井さんは、6年前に妻に先立たれ、都営住宅で身寄りもなくひとり暮らしをしていた。猛暑の続いた夏、大井さんは自宅で熱中症により倒れているところを発見され、病院に搬送された。その後、体力の低下とともに自活できなくなり、介護が必要な状態となった。

こうした状況下で、大井さんは特別養護老人ホーム（以下、特養と表記）への入所を希望したが、東京都内の特養への入所は3年待ちで入所することができなかった。民間の施設への入居も検討したが、大井さんの預金残額は18万円、これに月々6万5千円の年金額を足しても入居できる施設はなかった。そこで、一ヶ月毎にショートステイ（短期入所）を繰り返し、施設を転々とする生活を余儀なくされた。

3ヶ月で4ヶ所目のショートステイに在所していたところ、自治体の担当者から、生活保護申請を行えば、年金との合算で入居できる民間施設があることを知らされる。大井さんは、わずかな貯金を切り崩し、生活保護申請と年金で民間の介護施設への入所を決めた。ただし、生活保護を受ける条件として提示されたのは、自宅である都営住宅を引き払わなければならないこと、つまりこの選択は、大井さんにとって思い出のある自宅を失うことを意味していた。

新たな施設への入所のとき、自治体の担当者は、「事前に確認しておかなければならないことがあります」として、次のように切り出した。

「『この施設は、もしもの時、病院で延命治療を望むかどうか』の意思確認を行うことがマニュアルで決められています。そこでお尋ねします。『もしも命に関わることがあった際、病院で延命治療を望みますか、望みませんか』」と、延命治療の希望の有無を尋ねた。

これに対し、大井さんは「延命で」と答えた。

もし大井さんへの意思確認と同様に私たちが延命治療の有無を問われたならば、多くの人は「延命治療を望まない」と答えるだろう。現に大学の講義における多数の学生の判断がそうである。

＊　＊　＊

では、なぜ、私たちの多くは「延命治療を望まない」と答えるのだろうか。

予想されるのは、身寄りもなく孤独で、「この先、何か楽しいことがありそうもない」と感じ、生きることへの意味を見いだせないこと、おそらく、このような場合、多くの人間は「延命治療を望まない」と答えるのではないか。

この判断は、古くからの人間の「生(vita《ヴィータ》)」の考えと深く関わっている。この授業では、「健康の考え方」(教育内容)を「老人漂流社会」の中に埋め込まれた「生(vita)」の考え方に注目し、人々の「選択」の「差異」について議論する(教材)。つまり、「健康の考え方」を、「生(vita)」のとらえ方に注目し、教材にすることで学びを生み出す可能性を持っている。

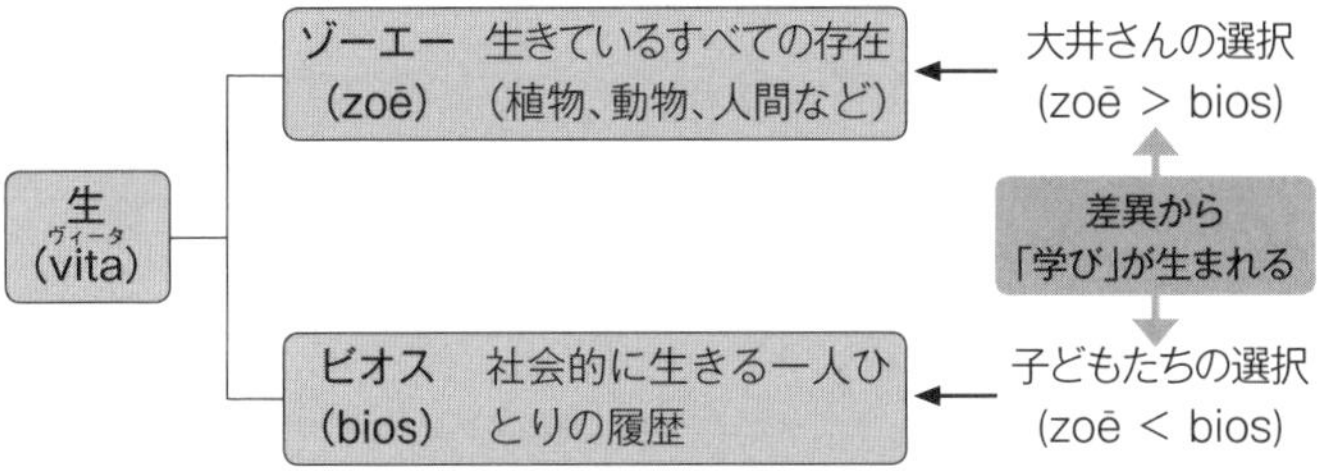

図2-6 古代ギリシャ時代の「生（vita）」のとらえ方

4

「異なる考え」との出会い
―なぜ「延命治療」を選択しないのか―

「健康の考え方」と関係する「生（vita）」という言葉は、古代ギリシャ時代には「ゾーエー（zoē）」と「ビオス（bios）」という二つの意味に分かれていた（図２－６）。「ゾーエー（zoē）」は、生きているすべての存在（植物であれ動物であれ人間であれ）に共通の「生きている」という生命の単なる事実として表現され、「ビオス（bios）」は、それぞれの個体や集団に特有の生きる形式（生き方）を指していた。[*40]「ビオス（bios）」は、伝記にあたる'biography'の語源であり、社会的に生きる一人ひとりの履歴を指している。

この「ゾーエー（zoē）」と「ビオス（bios）」の考えに照らし合わせながら、「延命治療をしない」との判断根拠を読み解くと、「個人が社会でどのように生きていくのか（bios）」を見いだせない場合、「単に生きていること（zoē）」をも否定するといった判断を下すことになる（この場合、「脳死」も人間の死と判定される）。

現代社会は、「単に生きていくこと（zoē）」に価値を見いだしにくくなっており、「社会的に生きていくこと（bios）」に重きが置かれる。よって、私たちの「延命治療をしない」との判断は、「生（vita）」のあり方の「ビオス（bios）」優位を表している。

これに対して大井さんは、「単に生きていくこと（zoē）」に重きを置いた価値判断として「延命治療をする」選択を行った。大井さんの人生選択の中には、私たちの判断や選択を規定する考え方の本質が見え隠れする。つまり、見えにくい原理や考え方を規定している構造を私とは「異なる考え」との出会いによって、教材化する。それが「健康の考え方」の「教材解釈」であり、オーセンティックな学びづくりである。

「学び」は、自分とは異なる考えとの出会い（差異）によりもたらされるため、自己の認識との差異が重要なポイントとなる。差異ある他者の考えを理解することによって私たちは認識を深めることができる。

5 子どもが「経験」から「想像」できるか

よく考えられた教材であるにもかかわらず、「学び」につながらなかったという経験はないだろうか。その例として、神奈川県の小学校で行われた道徳の授業（5年生）を紹介しよう。この授業は、次の発問からはじめられた。

「満員電車に乗車して長椅子に腰掛けていたところ、乗車してきた70歳くらいの高齢男性がつり革に手をかけながら目の前に立ちました。みなさんはこの人に席を譲りますか？（他に空いている席はない）」

教師は、足腰がしっかりしているように見える高齢男性（70歳）を目の前にして、子どもの内面に「席を譲るかどうか」の葛藤を生み出しながら授業を展開したかった。足腰がしっかりとしている高齢男性は、席を譲る対象であるかどうか見た目には微妙なところで、判断に迷い、グループでの答えが二分して、議論が盛り上がるだろう、と教師は予想していた。

ところが、子どもたちは何も迷うことなく「席を譲る」選択をした。教師が予想していた葛藤と意見の対立は起こらなかったのである。

なぜ、話し合いが起こらなかったのか。それは、子どもたちの多くは、満員電車に乗った経験がなく、自らの経験と結びつけて考えることも、想像することもできなかった。そのため、常識的な判断として、「席を譲る」とまとめてしまった。

子どもの経験との接点が見いだせない場合やその状況を「想像」できない場合には、「教材」は機能しない。

以上に示した例から、「教材」が機能する条件は、次の三点にまとめることができる。

第一　子どもが持つ誤った信念や先入観を利用すること
第二　新しく作られた認知的標準を利用すること
第三　既存の情報相互のズレに気づかせること

以上の三つの条件である。*41

保健の教材で例えるならば、子どもが認識する「虫歯（う歯）」は、バイ菌が歯をガブガブ食べていたり、つるはしやスコップで工事現場のように歯に穴を掘っているイメージ（認識）がある。そのため、歯磨きはバイ菌を掃除して取り除くことと思っている。しかし、実際はミュータンス菌が食べ残しを分解して酸ができ、その酸で歯が溶けていく。だから、歯磨きは食べ残しを除去する意味がある。

このように虫歯（う歯）ができるメカニズムについて「バイ菌を除去するのか」「食べ残しを除去するのか」の認識の違いに注目していくのが教材研究の第一歩である。

先の「満員電車の中で、席を譲るかどうか」の教材は、子どもの認識として三つの条件のいずれも満たしていなかったと言えよう。

6 「アイデア」と「インフォメーション」の融合

「教材」は、子どもの「学び」を生み出すために個々の教師が探求するものである。そのきっかけとして、第I部第2章4節に示したヴィゴツキーの「発達の最近接領域（ZPD）」のように、「クラスの誰もがわからないがみんなと力を合わせれば解くことができる高い課題（ZPD）」との認識は不可欠である。

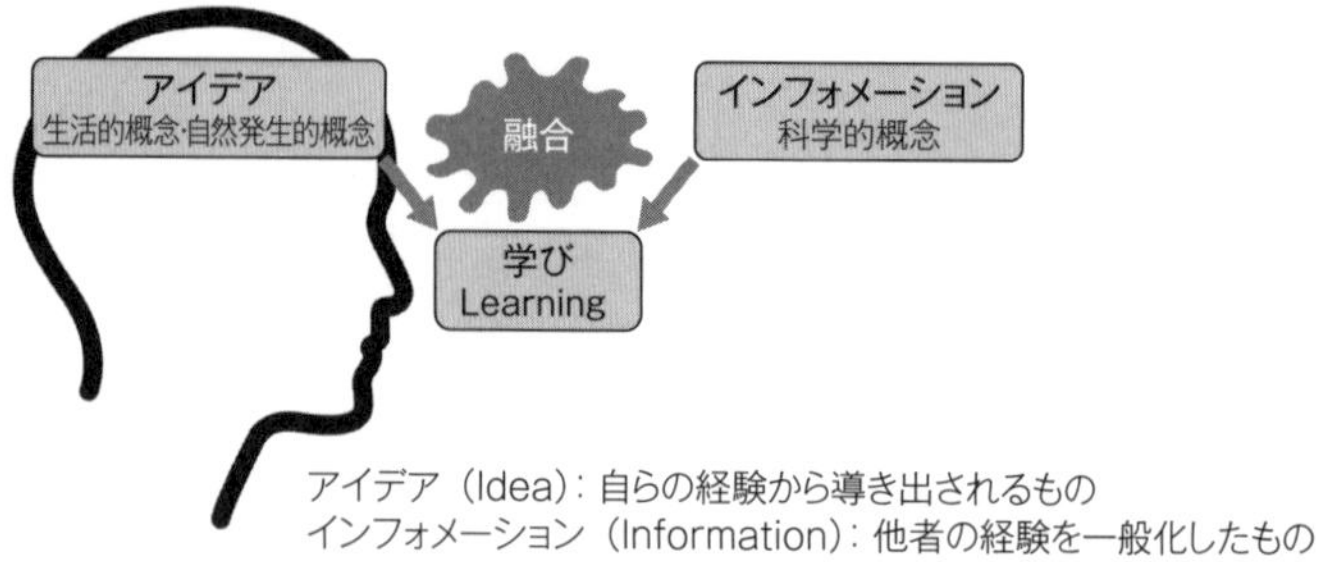

アイデア（Idea）：自らの経験から導き出されるもの
インフォメーション（Information）：他者の経験を一般化したもの

図2-7　「学び」のとらえ方

授業において「高い課題」の提示が必要なのは、第一に、「学びの対象（教育内容）との関わり方（「対象との対話」）」、第二に、これまでの自身の認識や考え方と向き合うこと（自己内対話）、第三に、自身の考えと異なった他者の考え（差異）と向き合うこと（他者との対話）を保証するからである。

言い換えるならば、「高い課題」における学びは、「アイディア（idea）」と「インフォメーション（information）」の関係として理解することもできる[*42]（図2-7）。

「アイディア（idea）」とは、これまで自身が生きてきた経験から導き出される考えや認識（「生活的概念／自然発生的概念」）であり、一方、「インフォメーション（information）」は、他者の経験を一般化して外からやってくる新たな情報（「科学的概念」）

で、これを融合することが「学び（learning）」である。

つまり、「学び（learning）」の成立は、自らの考え（idea）と外からやってくる新たな情報（information）の出会い（対話）がなければならない。単に新たな情報（information）を教え、堆積するだけの「勉強」は、すぐに風化する。そのため、「高い課題」を提示する「教材」は、クラス一人ひとりの「アイデア（idea）」にはたらきかけながら、新たな「インフォメーション（information）：教育内容」との出会いを導く接点となる。

これについて、教育学者の秋田喜代美は、「一般的には、新しく入ってくる情報と既有知識との間にずれや葛藤、矛盾が生じると、意外性や驚きを感じて心理的に不均衡が生じる。その曖昧さ、不確実さ、複雑さの不均衡を解消しようとして、さらに新たな情報を探索するようになる。そして情報を得てそれらの曖昧さや不確実さを解決していくときに、達成感を感じ面白いと感じるのである[*43]」と課題と学習者の持っている知識の関係を説明している。

本章1節に示した「三億円事件」（「人権（権利）の授業」）や「三権分立の授業」（「司法・立法・行政の三者の給与体系」）における「インフォメーション（information）」（教育内容）も、新しく入ってくる情報として、既有知識や考えとの間にズレや葛藤、矛盾を生じさせた例である。個々の内面に接点を作った見事な「教材」はこのような特徴を持っており、これを発掘・選択するのが「教材研究」である。

一人ひとりの内面（idea）に接点を持つ「教材」は、新たな「インフォメーション（information）」との融合をもたらす。このことから、学びを生み出す「『教材』づくり」は「『学び』づくり」と言い換えてもいい。こう考えることで、「教材」だけではなく、子どもの「学び」を中心に教師の発想と考えは再生する。

第7章 「がん教育」におけるオーセンティックな学び

―子どもの学ぶ姿から今後の実践のヴィジョンを探る―

2017（平成29）年3月に告示された学習指導要領では、新たな保健の教育内容として「がん教育」が明記された。

学習指導要領の実施に先だって、埼玉県では2015（平成27）年度から文部科学省の委託（がん教育総合支援事業）により、「埼玉県がん教育推進連絡協議会」を組織して「がん教育」について授業研究を行ってきた。私も同委員会、および「がん教育授業研究会」の委員を務めてきたことから、「がん教育」の授業に数多く参加してきた。ここでは、実施された授業から学んだこと、そして、今後の実践のヴィジョンについて提示してみたい。

1　子どもの「がん」のイメージは？ ―先行する「恐怖」―

学校における「がん教育」導入のきっかけは、「がん対策基本法」（平成18（２００６）年、法律第98号）に基づいて、「がん対策推進基本計画」（２０１２年）に次のように記載されたことによる。

「がんに対する正しい知識とがん患者に対する正しい認識を持つよう教育することを目指し、5年以内に、学校での教育の在り方を含め、健康教育全体の中で『がん』教育をどのようにするべきか検討し、検討結果に基づく教育活動の実施を目標とする」[*44]

私が「がん教育」の授業をはじめて参観したのは、２０１５（平成27）年11月、蕨市立蕨第一中学校を訪問したときであった。咲間悟さんが3年生に行った「がん教育」の授業（保健体育科（保健分野）「健康な生活と疾病の予防」）は、子どもたちが「がん」についてどのようなイメージを持っているかがわからない中で、手探り状態で進められた。

咲間さんの授業は、はじめに「『がん』と聞いて思いつくことをグループで出し合ってみよう」との問いからはじまった。

子どもたちが持つ「がん」のイメージは、「がんの種類（臓器別）」の他、「怖い」「髪が抜ける」「死」「やせる」「手術」「治らない」「罹患すると『怖い』」といったものだった。子どもたちの話やつぶやく言葉に耳を傾けると、「髪が抜ける」「やせる」「食欲がない」といった恐怖心は、必ずしも「がん」についての恐れではなく、抗がん剤治療による副作用への恐怖であった。

子どもたちの「がん」のイメージは、当時マスコミでとりあげられていた俳優今井雅之さんの闘病中のやせた姿などに影響を受けて、「がん」についての認識が形成されていたと思われる。

2　「狭く深く」、そして「広げる」展開へ

咲間さんの授業は、先の問いの後、「我が国のがんの現状」「がんの発生要因と種類」「早

期発見・早期治療（検診と5年生存率）」に話が及んだ。資料の提示とともに、「がん」を引き起こす要因には、「生活習慣」のほかに、「ウイルス」「細菌」「持って生まれた素因」など、多様な原因があることが説明され、「大切な人を『がん』から守るためのメッセージを考える」活動へと進んだ。

私は、子どもたちが「がん」を学ぶ過程で、あることが気になっていた。それは、子どもが課題に取り組む上で想定している「がん」は、一人ひとりが別の臓器の「がん」をイメージしていることであった。「がん」といっても臓器を特定していないことから、ある生徒は「胃がん」を、ある生徒は「乳がん」を、ある生徒は「子宮がん」を、または、漠然と「がん」をイメージしながら課題に取り組んでいた。[*45]

「乳がん」や「子宮がん」は、女性に特有の「がん」で、かつ発症年齢は早く、他の臓器とは異なる特徴を持っているため、受け止め方も異なり、切実感もまた異なる。[*46] また、ウイルスや細菌感染によってがん化が進む臓器、生活習慣に影響を受けやすい臓器については、はっきりと峻別されずに漠然とした形で「がん」として受容され、結果として、抽象的に「がん」という疾病を知ることになる。

そこで、「がん」を「がん」という総称で学ぶよりも、具体的な特定の臓器における「がん」

を深く学習し、その後、様々な臓器へと広げていく展開の方が、子どもたちにとっては学びやすいように思う。

生徒たちは、漠然とした「がん」を「浅く広く」学ぶのではなく、より具体的な疾病イメージの中で「狭く深く」学んだ後に様々な「がん」に認識を「広げていく」ことで、学びが深まる。こうした発想は、第Ⅰ部第2章で指摘した「応用発展（具体的）から基礎基本（抽象的）へ」でとりあげたとおりである。

次に紹介する小学校の「がん教育」の例において、さらに具体的な事例の中で学びが深まる様子を確認してみたい。

3 身近な人が「がん」になったとき—がん経験者との対話から学びを深める—

２０１６（平成28）年10月・11月、鴻巣市立鴻巣南小学校を訪問し、二つの「がん教育」の授業（新井結花さんと堀祐介さん）を参観した。授業はともに6年生の特別活動「共に生きる命」（保健指導「身近な人ががんになったとき、自分にできることを考えよう」）として展開された。

写真2-2 「自分たちに何ができるか」を考える

授業のはじめに、身近な人が「がん」に罹患したとき、自分たちに何ができるかをグループで検討するように問いが投げかけられた（写真2‐2）。

その後、外部講師として乳がん経験者の高木みずきさん（仮名）から、「がん」の発見、治療、その後の経過観察、家族の様子や自らの心理状況等の詳細が語られた。

高木さんの話は次のような内容であった（以下、原文のまま、全文書き起こし）。

「私に乳がんが見つかったのは38歳の頃、今から5年前のことです。どうやってがんが見つかったかというと、ある朝のことですが、ベッドから起きて携帯を見ていたとき、左の腕が右の胸の何か堅いものにふれました。今までは何も気づかなかったのに、その時、梅干しくらいのしこりらしいものがあることに気がついたんですね。『あれっ、これ何だろう』と思いながら、不安の中ですぐに病院を受診して検査を受けました。その結果は一週間後に出ましたが、『さらにもう少し詳しい検査をしてみましょう』ということで、その検査結果がでるまでにさらにもう一週間待つことになりました。長い一週間でした。結果を聞きに病院に行くと乳がんと診断されました。『何だか大変なことになっちゃった、これからどうなるんだろう』とすごく怖かったです。でもね、がんになっても、『がん＝死』とは思わなかったです。なぜかというと、趣味でやっているフラダンス教室に乳がん経験者がいて、その人は乳がんの治療を経て、前と同じくらい元気に過ごしていたからなんですね。

だけど、私のがんのタイプは少しやっかいなものだとわかったんです。乳がんといっても色々なタイプがあってね、治療の方法だったり、お薬が変わってくるんですね。私のタイプは、進行が早くて使えるお薬が限られていたんです。そして治療をしても再発するリスクが高いがんだったんです。

その後、インターネットで色々検索してみたんだけど、よい情報が全然見つからなくて、悪い情報ばかり目にするようになっていました。『私死んじゃうの？』ここではじめて死を意識しました。『どうしよう、この先どうなっちゃうんだろう』と気持ちがどんどんどんどん落ちていきました。そこで、フラダンスのがん経験者に話を聞いてもらい、二つのアドバイスをもらいました。

一つは、『一度しっかりと泣いておきなさい』というアドバイス、もう一つは、『病気のことばかり考えているとどんどん気持ちが落ち込んでいくから、どこかで必ず気持ちをあげてね』というアドバイスをくれました。でもね、『一度しっかりと泣いておきなさい』と言われてもなかなか泣けないんですね。

私、旦那さんと二人暮らしなんだけど、ある時、旦那さんの方が先に泣き崩れてしまいました。『病気になって可哀相だ』、そう言って泣いてしまったんですね。だから私は家族に心配かけて申し訳ないなと思って家族の前では泣けなくなってしまいました。

じゃあ、一人の時に泣けばいいかと思うけど、それも何だか寂しいなと思って気持ちだけがどんどん落ちていきました。

そんなときにある看護師さんに出会いました。その看護師さんは、がん相談専門の看護師さんだったんですが、その看護師さんにちょっと話を聞いてもらうことにしました。『これから自分の体がどうなってしまうのか』、『不安なこと』、『家族に心配をかけてしまい申し訳ないこと』、『そもそもどうして自分ががんになってしまったのか』、『何か悪いことしたんだろうか』、『そうして自分を責めていること』、そんなことをぽつりぽつりと話しているうちに涙がぽろぽろこぼれてきました。看護師さんは、じっと『うんうん』と言って耳を傾けてくれました。話をしているうちにだんだん心が軽くなってきました。自分の気持ちを言葉にすることで心を整理することができました。すると、これからの治療に向かっていく覚悟ができました。病気と向き合うことができました。

みなさんも近くに話を聞いてくれる人、いるかな。がんの治療をする上で、『もし体に痛みがあったらお医者さんにとってもらえばいい』、でも、『心が痛くなったら人に頼ろう』、『人に助けてもらおう』、そう思いました。

そこで私は心の駆け込み寺を用意することにしました。それが『がん患者サロン』です。そこには色々ながんの経験者や、その家族が出入りしていて、『がん』のことなど情報交換をしているんですね。そこで私もいろんな患者さんと出会いました。私よりも年齢が若い人もいましたし、長い期間に渡って治療を受けている人もいました。そんな人たちと話をすることで、『私は一人じゃないんだな』と思いました。

そして、手術をして抗がん剤治療を受けることになりました。みなさんは抗がん剤って聞いたことあるかな。どんなイメージがある？　わたしは抗がん剤治療を受けると、『きっと寝たきりになるんじゃないか』、『普通の生活ができないんじゃないか』、そう思っていました。

　実際治療をはじめてみると、もちろん副作用はあるんですけど、普通に生活ができました。食事も、今までと変わらない食事が摂れていました。あと、家族と一緒に旅行にも行きました。副作用で髪が抜けてしまったけど、ウイッグを付けてフラダンスのステージにも出ました。こんな風に普通に生活を続けていたんですね。でもね、2ヶ月くらいたった頃かな、何だか頑張りすぎて疲れちゃいました。気持ちが疲れてしまって、何もやる気が起きなくなっちゃったんです。そうすると、ちょっとした油断で風邪を引いて寝込んじゃったりしました。『また家族に迷惑をかけちゃったな』と落ち込んでしまいました。

　そんなとき、患者サロンで出会った仲間にこんな言葉をもらいました。『がんの治療は長く続くでしょ、だから、がんと戦うっていうよりは、上手につきあう、それくらいの気持ちでいたらいいよ』、そんな言葉をもらいました。その後ももちろん前向きな気持ちは持ち続けたんですけど、『たまには後ろ向きになってもいい』、『自分らしく無理せず病気とつきあっていこう』、こんな風に気持ちを切り替えることができました。肩の力がふっと抜けました。

　抗がん剤治療を7ヶ月半行った後に、5週間の放射線治療をしました。それで私の治療は一段落しました。でも、今でも定期的に病院に行って検査を受けていて、経過観察を続けています。もう治療を終えて何年も経つけれども、検査の前にはいつもドキドキします。結果を聞きに行くときは緊張します。こうやって今でもがんと一緒に人生を歩んでいることになります。

病気になっていろんなことを考えました。『生きるって何だろう』、『元気でいるってどういうことだろう』、あと、『命には限りがあるから今という時を大事にしないとなあ』と思いました。みなさんも前向きなとき、後ろ向きなとき、いろんな今があると思います。そんな一つひとつの今を大事にしながら、これからの豊かな人生を歩んで欲しいと思います」

この話のあと、子どもたちから高木さんに、「どれくらいの髪の毛が抜けたんですか?」とか、「髪の毛が抜ける以外はどんな副作用があったんですか?」など、疑問に思ったことが質問された。

高木さんは、前者の質問に対して「髪の毛は丸坊主ぐらい抜けました。あと、眉毛もまつげも鼻毛も抜けちゃって、鼻毛が抜けちゃうと、鼻水がぽたぽた落ちてきて大変でした。あと、まつげが抜けると、汗が目の中に入っちゃって……毛ってね、色々な役割があるんだなと思いました」と答え、後者の質問には、「どうしても疲れやすくなって、体力が落ちてしまう。家事なんかも休み休みといった感じでした」と、治療の過程で感じたことを丁寧に子どもたちに話をした。

子どもたちは、高木さんのがん経験談から何を学んだのだろうか。その内容は、次に紹介する子どもが表現した「あえて」といった3文字に凝縮されていた。

4　3文字に表現された学び

子どもたちは、高木さんの話を聞いた後、あらためて、「身近な人ががんになったとき、自分にできることを考えよう」といった課題と向き合った。

すると、当初は「気を遣わない」とまとめていたAグループが、「あえて、気を遣わない」と「あえて」を赤色のペンで追記した（写真2 - 3）。この「あえて」というわずか3文字の意味が、子どもたちの学びの成果である。

授業終了後、私は高木さんと授業を振り返っていて、「あえて」といった表現に、とても大きな意味があることに気がついた。

高木さんは、抗がん剤治療を行っているとき、体調が悪くて家で横になっていると、家族

写真2-3 「あえて」に表現された学び

が「どうした、大丈夫？」と気遣ってくれたという。しかし、本人は、あまりの体調の悪さに返答することすらできず、「今は少し、関わらずにゆっくりさせて欲しい」と思ったそのときの心境を話してくれた。

一方、体調がよく元気なときには、「これから私はどうなるんだろう」と不安が襲ってくる。本当は、そういったときにこそ家族には側にいて関わって欲しい、「だけど、そんなときに家族は家にいなかったりするんですね」との思いを語ってくれた。

子どもたちは、高木さんの様子や気持ちを理解し、感じたこと、学んだことを「あえて」といった3文字で表現した。

その意味は、当初の「気を遣わない」と

いう考えが、「気を遣わないように気遣いをする」ことであったのに対し、「あえて」の3文字は、その人のその時々の状況に応じて関係を作ること（ケアリング：Caring）を表現していたのではないか。「あえて、気を遣わないこと」とは、特別視することではなく、その人の今の状況に応じて優しく関わることもあれば、厳しく関わることもある配慮のことであった。

高木さんというがん患者の身体と心の動きを生活の中でリアルにイメージできたことが、子どもたちに「がん」という病のイメージを膨らませた。つまり、「がん」という疾病を見ていた子どもたちが、がん患者の生活の中で「がん」をとらえ直す視点を獲得したのである。これがこの授業の「学び」であった。

子どもたちは、具体的で、かつ文脈が見える出来事に接することで学びが深まる。これと同様のことは、次の例によっても確認できる。

2019（令和元）年6月23日に日本テレビの「NNNドキュメント」（中京テレビ制作）で、「私…がんになりました。―アナウンサーの乳がん闘病記―」[*47]が放映された。番組では、中京テレビの恩田千佐子アナウンサーが乳がんを宣告（当時50歳）されてから復帰するまでの様子を描いていた。恩田さんは、番組で自らのがんを告白し、休養、手術、抗がん剤治療から復帰までの心の動きについて、ありのままを公開した。その中で、がん患者としての不安を次のように語っている。

「私が不安の中で選択したことを尊重して支援してほしい。ただでさえ不安で何が正しいのかわからない中での選択に、後にあれやこれや言われると、自身の選択が間違っていたのではないかと大きな不安に襲われる」

先の高木さんと同様に、恩田さんもその人の置かれた状況に応じて関係を作ることを支援として求めている。

私と親交のあるがん経験者も、「情報（information）は情報であって、答え（answer）ではないんです」と語り、がんを見るのではなく、罹患している人を生活の中でとらえ、関係を持ってほしいと話していた。

子どもたちは、「身近な人ががんになったとき、自分にできること」を、一般化された答え（information）としてではなく、個々の人生の文脈の中に求めること（answer）を学んだのである。

5 学習内容の広さに戸惑う

「がん教育」の授業を行った教師は、授業準備の際、学習内容が多岐におよび、その範囲の広さに苦悩していた。

学習指導要領への「がん教育」導入を前提として、公益財団法人日本学校保健会に「がん教育に関する検討委員会」、そして、文部科学省には「『がん教育』の在り方に関する検討会」が設置され、それぞれ、２０１４（平成26）年2月と２０１５（平成27）年3月に学習内容の方向性を示した報告書を公表している。

後者の報告書には、「がん教育」の具体的な学習内容として、「ア がんとは（がんの要因等）、イ がんの種類とその経過、ウ 我が国のがんの状況、エ がんの予防、オ がんの早期発見・がん検診、カ がんの治療法、キ がん治療における緩和ケア、ク がん患者の生活の質、ケ がん患者への理解と共生」があげられている。

多岐に及ぶ学習内容を何時間で構成するのか、どこまで「がん」の内容に踏み込むのかなど、教師が子どものがんに対する認識もわからない中で授業をデザインするのは大きな挑戦

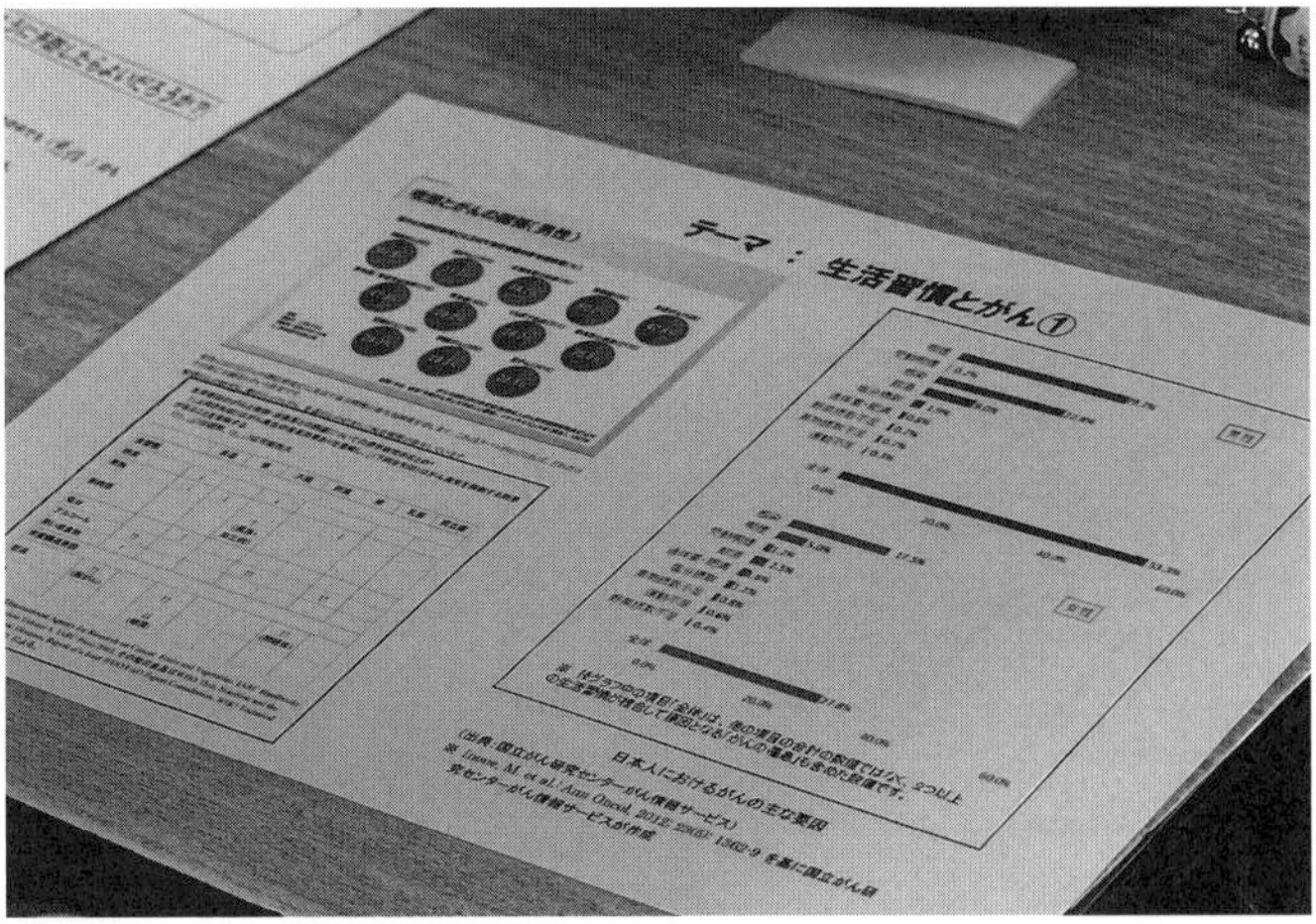

写真2-4　「がんの予防」を考えるための資料の一つ（資料「生活習慣とがん」）

である。

２０１６（平成28）年11月、埼玉県三郷市立早稲田中学校で、菅野恒典さん、古里瞭果さんが実践した「がん教育」の授業（保健体育科（保健分野）「健康な生活と疾病の予防」（３年生））では、「がんの予防」について認識を深めることを目的として授業が展開された。

菅野さんの授業は、一つひとつの学習内容を細かく確認しながら進める時間のかかる授業（スモールステップの展開）とは異なり、具体的で、かつ詳細な資料群を一気に提示しながら（写真２-４）、グループで「がんの予防」を検討するようにデザインされていた。

各グループに配布された資料は、「我が国の死因とがん」「がんの罹患」「喫煙・飲酒・食事とがん」「早期発見の重要性とがん検診の課題」「市や県の取り組み」などの詳細なデータであり、これを読み取りながら「がんの予防」について考えることを目指していた。予防について活用できる基礎基本の情報は、配付資料（詳細データ）の中に示されているために、①グループでの読み取り作業（「基礎基本」をおさえる活動）と②「がんの予防」について検討する作業（応用）が同時進行で進められた。

これまでの保健の授業では、教科書に書かれている内容以上の情報が示されることはまれで、子どもたちがわからないことを探求する際には、あまりにも材料不足であった。

菅野さんの実践では、準備された配付資料が多岐にわたり、情報が豊富であったために、思考の幅、学びの幅が広がり、既有知識と新たに学ぼうとしている課題の統合が生まれやすい状況を作っていた。各種データと身近で具体的な取り組みの資料を一度に示したことが、日本社会におけるリアルながんのイメージを想起させ、一人ひとりの学びにつながったのである。

保健授業の数少ない授業時間数では、多くの内容を深くじっくりと学ぶことは難しい。そのため教師は、広く浅く情報を提供するのに精一杯で、子どもの学びよりも学習指導要領に定められた内容を「教えた事実が残ればいい」として、一方的な知識の提供にとどめていた。専門家としての教師の責任は、教室の一人ひとりの学びの実現にある。そこで、これまでの学校文化、教員文化で慣れ親しんでいる「基礎基本から応用発展へ」といった考えから脱却し、「応用発展から基礎基本へ」と発想の転換を行うことで、限られた時間の中でも学習内容を深く学ぶことができる。

菅野さんの実践は、そうした慣れ親しんだ学校文化、教員文化を脱構築するためのチャレンジであった。

「静かな学び」――その時間は、自己のそれまでの考えと向き合うとき（自己内対話）。教師は成熟する時間をじっと見まもる

第8章

教具を越えて子どもと向き合う

―つぶやきを聴き、学びへつなげる―

2016（平成28）年6月24日、千葉大学教育学部附属小学校で行われた公開研究会において、根本由美子さんが「手や体をせいけつにしよう」（3年生「体の清潔」）の実践を公開した。

根本実践は、教具の工夫に支えられた授業であった。

教具とは、学習の展開を補助し、有効にする物質的手段であり、学習内容を具現している教材とは異なって、「内容」に直接関わらないとされる。*48

ここでは、学びと教具の関係について考えてみたい。

1 根本実践「手や体をせいけつにしよう」（3年生「体の清潔」）

根本実践は、土がついた手の写真を見せながら、「この手は清潔？ それとも清潔じゃない？」との問いからはじまった。当然、子どもたちは、土がついている手を見た目で判断し、「清潔ではない」と答えた。

続いて、見た目はきれいそうな手の写真を見せて、「では、この手は清潔？ それとも清潔じゃない？」と、再度問いを投げかけた。すると子どもたちは「清潔かな～」とか「清潔じゃないよね」などと言いながら、最終的には見た目で「清潔」と判断した。子どもの判断根拠は、この時点では、見た目上の「きれい」か「きたいない」かでしかなかった。

そこで根本さんは、先の例が清潔かどうかを可視化するために、手形の寒天培地を準備し、それに手を押しつけ、2日間細菌を培養した結果を提示した（写真2－5）。培養した寒天培地は、写真に撮ることで、手についた細菌の繁殖程度を可視化して見せることができ、手が清潔であったかどうかの根拠を子どもに示すことができる。

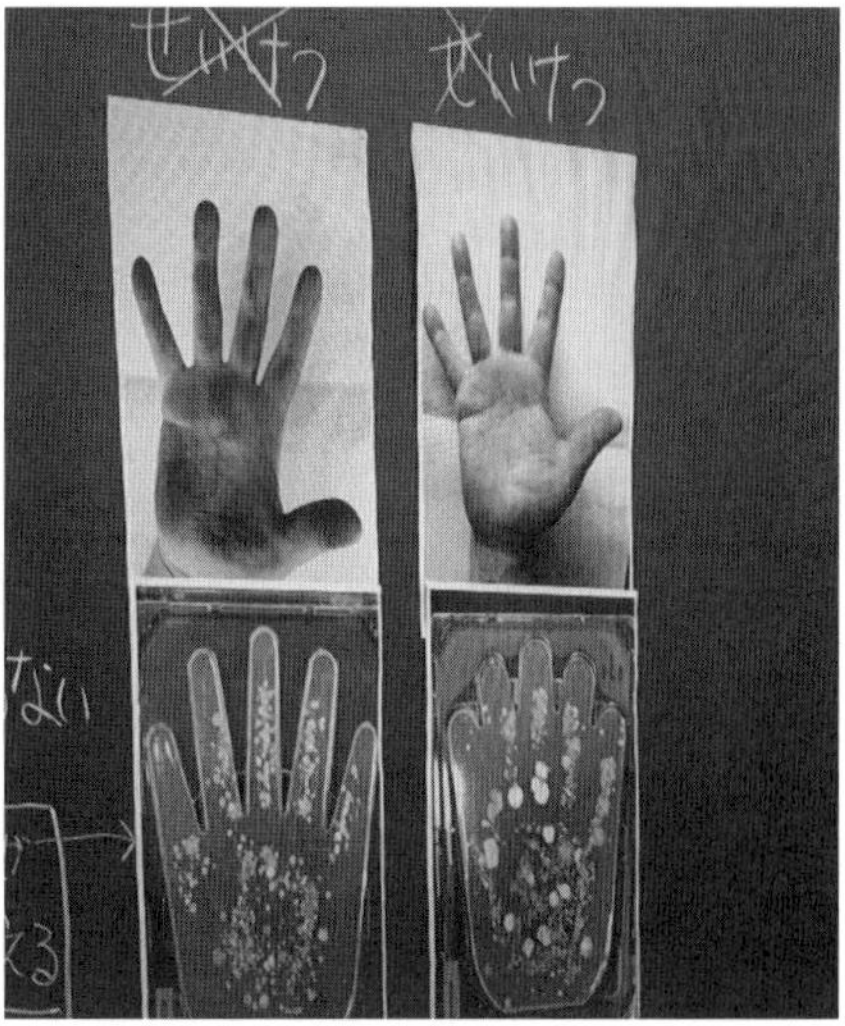

写真2-5　見た目上の「きれい」な手と「きたない」手の寒天培地写真

結果は、意外にも土のついていない見た目はきれいな手（写真2-5右）の方が多くの細菌が繁殖していた。この結果は、清潔は必ずしも見た目ではわからないことを子どもたちに強く印象づけた。

次に根本さんは、「見た目では判断できない手をどのようにすれば清潔にできるのか」を課題として提示した。

「では、手を洗った後はどうなるかな？」と言って子どもが手を洗う普段の様子（つもり洗い）をテレビに映し出し、「単に手を洗い流しさえすれば清潔になるのか」を子どもたちに問いただした。その「つもり洗い」の手は寒天培地で培養すると多くの細菌が繁殖しており、簡単に洗った「つもり洗い」では清潔にはならない結果を写真で示した。

2 どうすれば清潔になるのか？

以上の展開の中で、根本さんは、間髪入れずに、「じゃあ、どうすれば清潔になるの？」と子どもたちに問いかけた。

すると、子どもたちから、「石けんをつけて洗う」「手を洗った後、ちゃんとハンカチで拭く」「石けんで洗う時間が短いからきれいにならない」「もう少し丁寧に洗う」などの意見が出された。

その後、根本さんは、「しっかり洗い」の様子をテレビに映し出し、先の「つもり洗い」と比較して、「どのように手洗いをすれば清潔になるのか」を子どもに再度問いかけた（写真2‐6）。

「しっかり洗い」と「つもり洗い」の差を意識した子どもたちは、「水で洗う時間が短かったのがダメだったんじゃないか」とか、「爪とか細かいところを丁寧に洗ってないかな」「水洗いする時間を長くして、手のしわをググって爪でやって、それで流す」などの意見が出さ

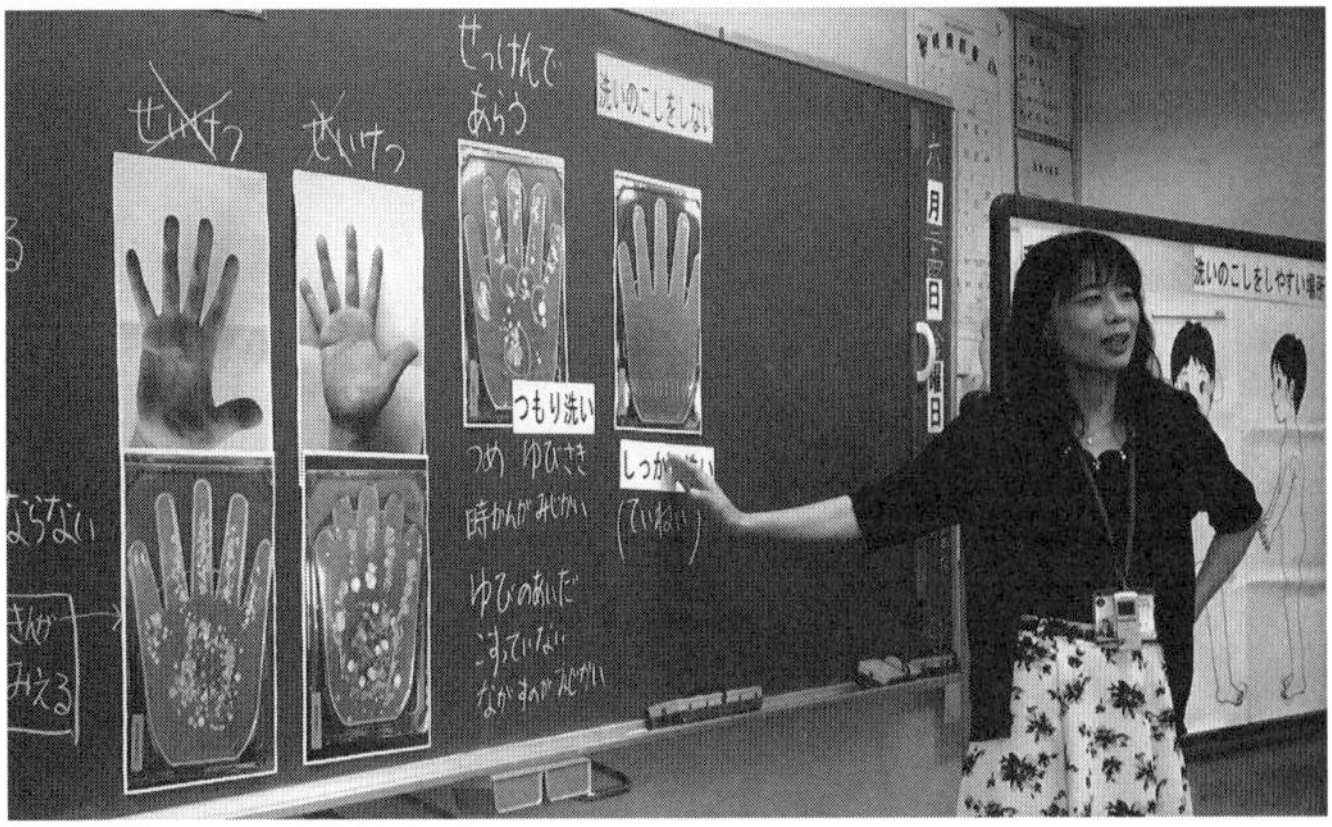

写真2-6 「つもり洗い」と「しっかり洗い」の違い

れた。

子どもたちは、根本さんが準備した「つもり洗い」と「しっかり洗い」の映像から、手洗いの差に気がつくことで、「しっかり洗い」のコツにたどり着き、洗い方によって清潔になる場合とそうでない場合があることを学んだ。

この学びは、次に見るように根本さんが準備した寒天培地の写真や複数の映像といった教具によって支えられていた。よく準備された教具は、教具だけの役割を越えて教材としての機能をも持ち合わせていた。

3　よく準備された教具──寒天培地かブラックライトか──

手形の寒天培地による教具、映像資料には、根本さんのこだわりと子どもの思考活動や学びを活性化させるための細やかな配慮が見てとれる。

手の形をした寒天培地の写真は、根本さんが何枚も何枚も細菌培養しながら準備したものであった。手洗いで見落とされがちな手のしわに細菌が繁殖したように見える写真を撮影するには、おそらく何回も失敗したはずである。こうしたこだわりが、子どもたちが洗い残しに気づく状況を生み出したと言える。

また、根本さんは、手洗いチェックが簡単にできるブラックライトを使用しての授業ではなく、あえて手間のかかる寒天培地を選択した。

寒天培地は、細菌を培養するのに2日間の時間を要するが、うまく培養できないこともあり、さらに、細菌の繁殖を一番よい状態のまま固定できないために、写真を撮って教具にする必要がある。もし思うように培養できなければ、再度2日間の時間を必要とする。

そして、寒天培地を使用した授業では、すべての子どもたちの手から細菌を培養することができないために、自分の手の様子として意識しづらい状況となる。しかし、根本さんは、業間休みの後に何人もの子どもを呼んで寒天培地に手を押してもらい、何枚も何枚も培養して教具を作成した。こうすることで、自らの手の状況と少なからず結びつけることができる。教科書にも同様の写真が掲載されているが、こうした日常のプロセス（経験）が「学び」を生み出すきっかけとなる。

それにしても、根本さんは、なぜ多くの学校で試みられている手軽なブラックライトによる手洗いの授業ではなく、準備に手間のかかる寒天培地を選択したのだろうか。

それはブラックライトに反応する専用の液体は、要領よく洗わなければ、小学校3年生ではなかなか上手に落とすことができない。そのため、子どもは「これだけ入念に、かつ丁寧に手を洗っても汚れは落ちないんだなあ」ということを学んでしまう（負の強化）。また、専用の液体を落とすことに熱中することで、本来学ばなければならない汚れがつきやすい部分や実際の汚れが落ちる手洗いのポイントを見落としてしまう可能性がある。

このような「教具」と「学び」を生み出す経験が、根本さんを手間のかかる「寒天培地」へと向かわせた。

4

教具へのまなざし

―「手洗い」から「体の清潔」へ広げる―

「手洗い」指導の後、根本さんは、授業を「体の清潔」へとつなげた。

手洗いと同じように、体も洗いにくい部分、洗い残してしまいやすいところ、そして汚れがつきやすいところがあり、その場所を可視化する必要がある。しかし、手洗いと同様に、体全身の汚れやすい場所を寒天培地でチェックするわけにはいかない。

そこで、根本さんが体の清潔を可視化するチェック材として用いたのがニンヒドリンによる衣類の染め出しであった（写真2‐7）。一日着ていた白いTシャツをニンヒドリンで着色すると、汗を多量にかいた脇の下や首元が濃い紫色に着色され、汚れやすいところが一目でわかる。

このように、染め出しの濃淡によって、汚れやすい場所を確認しながら、体の清潔へと意識を向ける工夫をしていた。根本さんの教具が入った大きな袋の中には、今回の授業では使用することはなかったが、ニンヒドリンで着色した靴下や帽子なども準備されていた。

また、先の手指の「つもり洗い」と「しっかり洗い」の映像資料は、まるでガジェット系

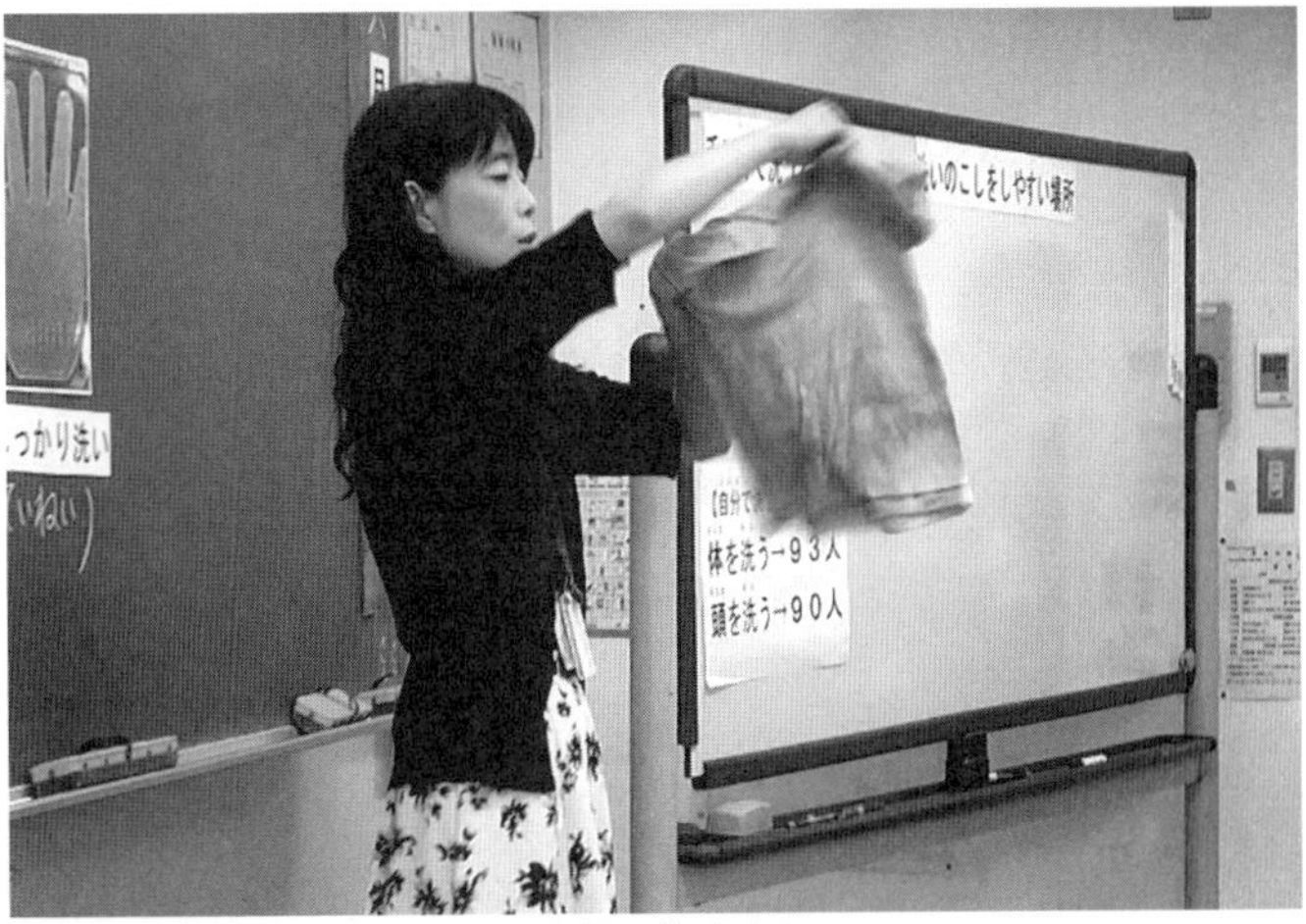

写真2-7　ニンヒドリンによる衣類の染め出し

YouTuberが作成する映像のように、手洗いを横から撮った映像と、上から撮った映像を使い分けていた（写真2-8、2-9）。私たちは手を洗う場合、通常は蛇口の上から自身の手を見ることになる。根本さんの映像資料には、子どもの目線を意識した細やかな工夫を見ることができる。

用意周到な教具の準備と教具へのまなざしの中に、子どもたちが学ぶ姿を想定した根本さんの深い洞察力をうかがい知ることができる。

公開授業の参加者からは、「根本さんは教具のマニアだからなあ」と評されていたが、とことん教具を探求した先に、子どもの目線と学びへの接点が開けてきたのだろ

写真2-8　横から撮った手洗い映像

写真2-9　上から撮った手洗い映像

う。根本実践は教具の探求から見えてくる学びの地平を見せてくれた。

5 「30秒」の壁を越えるとき

一方で、子どもの学びは、教材や教具の内容を越えて、より繊細な授業の展開によって切り拓かれる。同じ教材・同じ教具を使用してもクラスが変われば同じような学びを生み出すことはできない。パッケージ化された教材・教具は、そのままでは学びを生み出すことはできず、授業における個別の文脈の中で機能し、教材・教具として息づく。その様子を、根本実践の展開から確認してみたい。

先の実践において、「つもり洗い」（手を洗っていてもうまく洗えていなかった例）を提示したとき、義則は、「5秒間水洗いしても逆に細菌が増えちゃって、そのままにしているとそうなっちゃう。泡で30秒洗えばいい。2年生のときに給食の先生から教えてもらったから」と発言した。

その後、義則は、「30秒」にこだわり続け、ことある毎に「30秒、30秒」と言って、手洗いの時間にこだわり続けた。

先生の質問に対しても、「はい」「はーい」と手を上げて、「自分を指名して欲しい」『30秒』と言わせて欲しい」と声がかすれるまで、必死にアピールをしていた。

発言の機会を得ても、「30秒、30秒以内なら少ししか汚れが落ちない」とか、「今の映像は30秒ではないな」とつぶやいてみたり、「先生、石けんで洗う時間って決まっているんですか？」と質問をしたり、どうしても「30秒」の時間から思考が抜け出せなかった。

私は、この様子を見て、「義則は、30秒といった時間の枠をどのように越えていくのだろうか」「何をきっかけとして時間へのこだわりを捨てて、手洗いの内容へと考えを改めていくのだろうか」と興味深く見まもった。

その後、「しっかり洗い」の映像を見た後に根本さんが発した何気ない一言が、義則の「30秒の壁」を乗り越えるきっかけとなった。

根本さんも「30秒」にこだわり、つぶやきと発言を繰り返す義則が気になっていたのだろう。正しい手洗いの映像を見た後、まだ「30秒、30秒」とつぶやいていた義則に、根本さんは、「これ25秒なんだよ」と反射的に答えた。この一言のタイミングは絶妙であった。義則は「え、マジで」と言った後、沈黙してしまった。

「これ25秒なんだよ」―「え、マジで」の後の沈黙は、芽生えた矛盾が「手洗いは時間の問題ではない」といった義則の気づきにつながった。この沈黙の時間が、義則がこだわり続けていた「30秒」の時間の壁を乗り越えた学びの瞬間であった。

根本さんは、「気がつかなかった人がいると思うからもう一度見せます」といって、再度「しっかり洗い」の映像を子どもたちに見せた。

その後、義則は、「爪とかここととか、ここととかやってないかな、それで、水洗いする時間を長くして、こことかググって爪でやって、それで流す」と発言した。この発言から、義則が「30秒」といった壁を越えて、丁寧に洗わなければならない部分や洗い方について学んだことがわかるだろう。

以上のことから、教具を十分に活かすためには、教具へのまなざしを越えて、「子どもとの対話」「状況との対話（conversation with situation）」[*49]が必要であり、これがともなわなければ学びを生み出すことができない。

6 「つぶやき」を学びにつなげる

本来、義則の内面で展開された学びは、義則個人に閉ざされるのではなく、クラスの子ども一人ひとりの内面にもれなく成立させなければならない。しかし、教師が一人ひとりに丁寧に関わることは容易でない。このことに気づいていながらも、クラス全員に学びを生み出すことをあきらめてしまい、結果として、一斉授業により教えたことをもって全員がわかったこととされてきたのではなかったか。

教師は、教えた事実が残れば、教育の責任から解放され、その後、子どもが理解したかどうかの責任は個々の子どもの理解力次第、または、能力の差に帰されてきた。[*50] これでは教師の苦悩、子どもと家庭の苦悩は解消されることはない。

第一部第4章で紹介したように、グループ学習による対話のスタイルは、これを乗り越えるための可能性を秘めている。

根本実践では、「30秒」といった義則の時間へのこだわりをクラス全体で共有し、これをグループの課題、そして、クラス全体の課題としてとりあげながら展開することで対話を通して一人ひとりの学びの機会を形成することができるだろう。つまり、わからない子の「わからない」につきあいながら、その子の「わかる」プロセスにグループ、そして、クラス全員がつきあうことで、全員が「わかる」ようになるのである。このようにグループ活動やクラス全体を組織するならば、一人残らず学びを生み出せる。

授業における義則のつぶやきを振り返ってみれば、「30秒」といった時間へのこだわりは、「2年生のときに給食の先生が30秒間の手洗いを教えてくれた」ことが彼の思考の枠組みを作っていた。

この考えを砕き、再構築していくことこそが「学び」であり、クラスのどの子にもその学びの機会が保障されなければならない。教師は、子どもが発するどんな小さなつぶやきにも耳を傾け、つぶやきを拾い上げながら学びへとつなげていける力を身につけなければならない。

保健体育科の教諭や養護教諭は、学校の中では医学的知識を有している健康の専門家と言われ、その専門性を教具や教材づくりに活かすことはこれまでも行われている（教科専門）。一方で、一人ひとりの小さな声に耳を傾ける（傾聴する：listen）ことは教師の専門性であるが（教職専門）、教師の専門性を一方的に「教える」ことと理解してしまうと、集団を組織した途端に個々の声が聞こえなくなってしまう。そして、個々の声を無視して進める授業は子どもも教師もつらいために、「保健の授業は苦手」といった言葉に置き換えられてしまう。

「授業を苦手」と思うことは、授業の難しさや苦悩を理解している裏返しでもある。また、子どもの内面が見えるがゆえに苦手意識を持つならば、実践者としての重要な視点に気づいていることになるだろう。

根本実践は、「教える」授業から「学び」を生み出す授業への改革の途中で、何が必要かを示してくれている。

「教師はどんな小さな声にでも耳を傾ける（傾聴する）」——その子の声をまるごと引き受けるところから信頼（trust）が生まれる

第Ⅲ部

保健の「学び」が深まるとき

第9章

「深い学び」はどのようにして可能になるのか

2017（平成29）年3月に告示された学習指導要領で注目された「主体的・対話的で深い学び」は、「主体的」「対話的」「深い学び」といった魅力的なワードが並んでいる。こうした言葉が人びとの心をとらえる一方で、汎用されればされるほど、教室の具体的な経験や実感から遊離し、一般化されたこととして、画一的に広がってしまう。

教育雑誌が解説する論調も同様で、どの記事も同じ論調が繰り返し登場し、現場から乖離した抽象的な文字づら、言葉づらのみが氾濫する。[*51]

そして、その改革の伝達過程では、文部科学省や教育委員会が主催する公開研究会で提案された「スタイル」をお手本として授業をすればよいという現場の考え方が強く働いているように思う。さらに、「教育行政にいる教師は、そういう『スタイル』の授業を『指導することが自分たちの役割なのだ』という意識が強く働いているとともに、教育現場にいる教師も、そうした『スタイル』を上から『ご指導いただく』という意識が強く働いて」しまう。[*52]そして、そこに与する研究者の責任も重い。

教育界を覆うこうした慣習は、教育改革の名の下に維持されてきた。

訪問した学校に目を転じると、「主体的」「対話的」「深い学び」という共通した研修主題を掲げながらも、その一つをとっても、そこで展開される授業は具体的なイメージと結びつかない。

例えば、「対話（dialogue）」が「会話」や「おしゃべり」になっていて、これがグループ活動における対話であるかのようにスタイルだけが普及している教室を目にすることがある。このような教室で見られる子どもの活動は、一見してアクティブに見えるが、学びとはほど遠い。

今求められているのは、着実・忠実なる改革テーマの説明や伝達、モデル授業の普及なのではなく、教育行政・学校・教師・研究者一人ひとりがこうした教育文化を問い直しながら実践を探求する発想の転換と新たな価値観の創出である。そして、教育委員会や研究者に求められるのは、モデルを示した後に、「後は個々の教師の責任の下に実践を展開してください」と投げ放つだけではなく、多様な教育実践の可能性を示唆するとともに、教師個々の実践研究をサポートし、現場で生まれる実践を支援していくことである。

ここでは、保健の「深い学び」はどのように生み出されるのかについて考えてみたい。

1 「健康と環境」の授業の難しさ ―深まりが持てる内容なのか―

中学校保健体育科保健分野の教育内容に「健康と環境」が位置づけられている。[*53] 「健康と環境」の内容は、「他の単元と比較して生徒の身近な生活課題と結びつきにくく、授業づくりが難しい」、または「社会科などでも関連内容の取り扱いがあるため、保健で取り扱わなければならない内容に限定すれば興味が引き出しにくくなる」など、教師にとって特段の難しさがあるとの声を聞く。

学習指導要領および同解説には、「健康と環境」の単元について、次のように記載されている。

「人間の生活によって生じた廃棄物は、環境の保全に十分配慮し、環境を汚染しないように衛生的に処理する必要があること」（中学校学習指導要領）

「人間の生活に伴って生じたし尿やごみなどの廃棄物は、その種類に即して自然環境を汚染しないように衛生的に処理されなければならないことを理解できるようにする。また、ごみの減量や分別などの個人の取組が、自然環境の汚染を防ぎ、廃棄物の衛生的管理につながることにも触れるようにする」（中学校学習指導要領解説・保健体育編）

現代における人間の生活において、「環境」、特に「自然環境」が重要であることは広く共有されている。学習指導要領解説では、「個人の取組が、自然環境の汚染を防ぎ」とあるように、「自然環境」の汚染を防ぐための私たち一人ひとりの個人的取り組みに注目している。しかし、私たちは、自分一人が頑張ってごみの減量や分別を行ったところで、目に見えて自然環境の汚染を防ぐことができているかどうか実感しにくい。そのため、教師はこの単元の教材研究に難しさを感じつつ、やむを得ず学習指導要領に記載されている教育内容、教科書に書かれている内容をそのまま伝えること（教育内容＝教材：第Ⅱ部第6章）に徹してしまう。

授業をデザインする教師自身が困難を感じ、授業に迷いがあるならば、生徒たちを深い学び（オーセンティックな（真正な）学び）へと誘うことはできない。子どもたちに深い学びを成立させるには、まずは教師自身が深い学びを理解していなければならない。同単元において、教師の困難と苦悩はどのように乗り越えられるだろうか。

2　教師にとっての「深い学び」──水俣病を例に──

前記の課題は、「教材研究が甘い」と教師の個人的課題に帰されたり、そもそも深まりが持てない単元であると、なかばあきらめられてきた。

学習指導要領に述べられた「環境」を守る取り組みは、日常的な営みでありながらも、授業では非日常的な価値の追求となってしまう[*54]がゆえに、実感がないまま倫理的規範として学習されてきた。

これまで多くの「健康と環境」の授業を観察し、私がたどり着いた「健康と環境」における学びの視点を、水俣病の教材化を例に紹介したい。

水俣病は過去の出来事であって、今日的な保健教材としては取り扱いが難しいとの声もある。しかし、１９５０年代に発生した過去の出来事であっても、今日的課題にアプローチする重要な視点を投げかけてくれる。

水俣病は、チッソ株式会社*55（以下、チッソと略す）が不知火海に垂れ流した有機水銀が原因で起こった公害病である。食物連鎖と生物濃縮によって水銀が魚介類に蓄積され、それを食した人間に蓄積された結果、中枢神経に不可逆的なダメージを与えた水銀中毒が水俣病である。

「健康と環境」の単元では、水俣病をとりあげることがあるが、子どもたちは、水俣病を過去の出来事として受け止めがちで、今の自身にとっての健康問題として引き受けることは難しい。ゆえに、「健康と環境」の学びの本質に到達することは希《まれ》である。これをオーセンティックな（真正な）学びへと展開するために、水俣病患者である緒方正人さんが至った環境問題の本質に注目してみたい。

3 視点の転換 ―「チッソは私であった」―

戦後最大の公害病とされる水俣病は、高度経済成長に直走《ひたはし》っていた日本社会が引き起こした事件であり、現代社会の負の側面の縮図である。公害訴訟の最前線で戦ってきた水俣病患者の一人に緒方正人さんがいる。[*56] 緒方さんは、家族8人全員が水俣病を発症し、自らも水俣病で、長年にわたり、手足のしびれや頭痛等の症状に苦しめられている。緒方さんは、水俣病患者原告団の先頭に立って行動したこと、そして、著作の『チッソは私であった』(葦書房)や『常世の舟を漕ぎて』(世織書房)などでも知られている。

同著作の中には、「チッソは私であった」という考えが記されており、この考えに至るプロセスに「健康と環境」の本質を垣間《かいま》見ることができる。

「チッソは私であった」というのは、被害者が同時に加害者でもあるという意味に他ならない。「被害者=加害者」の解釈が「健康と環境」のオーセンティックな(真正な)学びに誘う視点を与えてくれる。

4 「環境」を外に置くか、内に置くか ―「私の中の〝加害者〟」―

「健康と環境」の授業では、「環境」とは、自分や人々を取り巻く「外部の環境」、つまり、自らの外にあるものを「環境」ととらえている。そのため、「環境」は自分と対置する対象として認識され、そこに働きかけることで変えられるものとされてきた。そのため、「環境は大切だからゴミは分別しましょう」とか、「環境を守りましょう」と主体の外にある「環境」に働きかけながら「環境」を守る自身の態度や行動に注目することになる。その結果、「健康と環境」の授業は、教師による環境破壊の実態の説明や3Rなど、スローガンを掲げての倫理的な指導となってしまう。

こうして、子どもに規範として降り注いだ教育内容は、環境問題の本質を学ぶどころか、むしろ環境を対象化し、環境の中に存在するはずの子ども自身を環境の外に置き、その関係を希薄化させる。

こうしたなかで、「チッソは私であった」とする緒方さんの考えは、「環境」のとらえ方に重層的な視点を投げかけてくれる。

写真3-1　チッソ水俣工場正門前でひとり座り込みをする緒方さん（中央）（©宮本成美 撮影 1988年4月4日）

「チッソは私であった」とは、『環境』とは『私自身』である」との考えである。

緒方さんがチッソ門前で抗議のためにひとりで座り込みをしながら至った次のような考えに寄り添うならば、この意味を理解できるだろう（写真3－1）。

「チッソの方は全部悪者になっていて、どっか自分は別枠のところに置いていた。しかし、自分自身が大きく逆転したきっかけは、自分自身をチッソの中に置いた時に逆転することになったわけです[*57]」

緒方さんは水俣病を発症しているので、当然のことながら被害者である。そして加害者はチッソや県や国とされる。

しかし、漁師である緒方さんは、高度経済成長期にチッソが製造したFRP（強化プラスティック）で作られた船に乗って漁を行い、生活の中にあるテレビや冷蔵庫などの電化製品にもチッソが製造したFRPが使用されていた。

生活を豊かにするため、便利な世の中を目指した社会の中で、被害者である緒方さんは、便利な生活を追い求めた加害者（「私の中の〝加害者〟」）でもあった。つまり、FRPをチッソに作らせたのは便利な世の中を求めた私自身（緒方）であったことに気づいたのである。FRPを作らせて、環境を水銀で汚染したチッソは、私であった。そして、私は私（環境）を汚染し、私自身が傷ついた。これが「私の中の〝加害者〟」についての理解である。

この視点の重層性が「健康と環境」の本質として見えたときにデザインされる授業は、それ以前の授業とは全く異なる学びを生み出す。

これまでの授業では、「環境」を自分の外にあるものとしてとらえていたために、授業は指導的にならざるを得なかったのではないか。一方で、「環境」は自分自身であるとの認識であるならば、自ら（環境）を守ろうとするはずである。「私は、チッソというのは、もう一人の自分ではなかったかと思っています」との緒方さんの考えは、「健康と環境」の本質的な「学び」へと誘う入り口となる。

5 「知らないことを知らない」から「知らないことを知る」ことへ

緒方正人さんの「チッソは私であった」との考えに見られるように、「『環境』とは自分自身です」と先生方に話をすると戸惑いの表情を見せる。なぜそう考えるのかを丁寧に説明すると理解してもらえるが、では、「そのような視点の重層性に気がつくにはどうしたらいいのですか？」（思考のHow to）と質問を受けることがある。教師から発せられるこの問いは、何とかして教育内容の本質に迫りたい、オーセンティックな（真正な）学びを生み出したいと考えている証だろう。

しかし、教師が授業づくりのための〝思考のHow to〟を教えてほしいとの質問は、「すぐに役立つ便利な知識」や「パッケージ化された教材のようなものがすでに開発されていて、それを効率的に使えば『よい授業』が展開できるといった考え方[*58]」や一般化された思考のメソッドのようなものを効率よく知りたい（または、教えてほしい（how））との声に聞こえてしまう。

「なぜだろう（why）」「どうしてだろう」との疑問は、これまで自身が知らなかったことに気がついたための問いであり、本来は、その問いを探求することによってこそ、教材の発展性、そして、学びを生み出すきっかけとなる。しかし、今日の教師は多忙を極める中で、思考し、探求することよりも効率よく教えてもらうことに関心が傾いてしまう（思考停止状態）[*59]。このように性急に答えを求めてしまう考えが、教室において、子ども一人ひとりの学びを見えなくしてしまっている。

学びのデザインは、パターン化されたり、抽象的な一般論として伝達されるものではない。「創りながら創り出される流動的なプロセスとして遂行され[*60]」、紆余曲折を経て、はじめて教師自身の内面に切り拓かれるものである。

6　自らの思考の枠組みにアプローチする

自身が知らないことに気づくこと、「知らないことを知らない」状況から「知らないことを知る」きっかけとなるのは、「他者（差異）」との関わりである。

「他者」とは私との絶対的な差異であり、私からの隔たりである。[*61] そのため、「他者」と関わることによって差異を認識し、そこに学びが生まれる領域を形成する。
次に紹介する緒方さんの経験もそのことを示している。

「私がチッソの中にいたらどうしただろう。もし私がチッソの従業員だったらどうだっただろう、…今まで被害者、患者、家族というところからしか見ていなかったわけですね。立場を逆転して、自分が加害者側にいたらどうしただろうかと考えることは今までなかったことでした。…責任を追及している間は恐ろしくないんですね。攻めるだけだから。ところが逆転を想像するだけで、立場がぐらぐらするわけです。それまでの前提が崩れるわけですから。チッソの中にいたとしたらと自分を仮定してみると、自分が実は大きくぐらついて答えが出ない。絶対同じことをしていないという根拠がない。…ですからそういう意味では十年前から、チッソというのはもう一人の自分だったと思っているわけです[*62]」

緒方さんは、「チッソは私であった」との考えに至る過程で、加害者に投げかけた責任の問題が、他者の存在（差異）をとおして自己の問題として跳ね返ってくる（自身が問われる立場になる）中で他者の存在を受け止め直している。

加害者、被害者という立場を超えていくヒントとして、対立する他者の異なる考えを理解することこそ、〝差異からの学び〟である。これは、教師の学びも、子どもの学びも同じである。他者との出会いと差異の認識が学びを生み出す。

さらに、これまで知ろうとしなかった加害者側の立場、知ることのなかった加害者側の立場を理解したときに、「被害者」と「加害者」といった二項対立図式の認識を超えて、新たな認識が生まれる。緒方さんはそのことを次のように説明する。

「加害者、被害者という事件の立場を超えていくヒントがあると思います。そういうふうに考えると責任がうやむやになって、責任がなくなってしまうじゃないか、会社や行政や国の責任もそんなふうに考えて、自分が加害者側に身を置いてたなら同じことをやったんじゃないかと考えてしまったら、責任が誰もなくなるがねという人もいます。ところがもはや心配する必要はないのです。制度化してしまったんですから。責任そのものを制度化することで合意したんですね。…平たくいえば自らの経験としてはなかなか語られなくなっていくということを感じていましたし、認定や補償によって政治的にも社会的にも終わらされていく。…水俣病事件を振り返ったとき、そうした仕組みの中の水俣病になってしまったのではないかという危惧を強く持ちました[*63]」

緒方さんの他者（差異）との出会いは、「被害者」と「加害者」という枠組みを超えて、社会構造の理解にまで及んでいる。こうした理解は、他者は「なぜ、こう考えてしまうのか」と今の私の思考（または思考の枠組み）を疑うことでもある。そして、自身の考え、思考の枠組みは、自己の形成過程のなかで社会（環境）から影響を受けて形成されていることを知ることである。

自己の考えを問わないことは、知らないことを知らないままにしてしまう（思考停止状態）。例えば、思考をあきらめた教師は、学習指導要領と教科書に記載された内容を表面的にのみ引き受けるだけで、内容の本質を探求しないまま、従来の一方的な指導に拠ることになる。

しかし、他者をとおしてこれまで見えていなかった教育内容の本質や子どもの姿などが見えてきたときに、教師は学びの快楽とともに、これまでとは異なった問いの立て方や教材づくりへのアプローチを行うようになる。

学びを生み出す根源として差異が注目されるのは、このためである。

7 「深い学び」への誘い ―自ら変わることによってはじまる往還作用―

差異の承認には対話（dialogue）を必要とする。そして、自ら学び得たことを他者と共有するためにも、他者との対話が必要になる。なお、学習指導要領において、学びの質に注目した「対話的で深い学び」の対話は、学習者の他者や社会との対話に焦点化されてしまうが、その前に教師の自己内対話を必要としている。「自己内対話（自己との対話）」は、結果として自己（の認識）を形成してきた社会との対話でもある。

緒方さんの経験は、「健康と環境」（教育内容）における「環境」の理解としても示唆的であるが、教師が学びの本質に迫る考え方にも大きな問いを投げかけている。

それは、短時間で効率的に学習することに慣れている子どもたちに教師は、どうすれば効果的・効率的に教えられるのかを探求しがちであるが、むしろ必要なのは、わからないことや苦悩から逃げずにじっくりと課題と向き合い考えること（自己内対話）である。

その先にある「わからないこと」「見えないもの」が「見えるようになる」とき、はじめて、自己の内面は豊かになるだろう。

例えば、暗闇で不安な中、手探りでロウソクを探しまわる。やっとロウソクを見つけてそれに火をともすと、急に隅々まではっきり見えるようになり、安心と感動が胸に広がる。ロウソクを探して火をつけることと、内面を豊かにすることは同じことと言えよう。内面が豊かになって見えないものが見えるようになれば、それとともに、見えてくるものが違って見えてくる（往還作用）。

このような往還作用は、自らが変わることによってしかはじめられない。これまでの「教える」といった強い自己意識と向き合いながら、自らの考えは何に束縛されているのかを知ること、そして自分自身が豊かに学ぶこと、課題を引き受け、自らが本質を学ぶことによってこそ、子どもたちを「深い学び」へ誘うことができる。

緒方さんのように、現代社会を象徴する縮図としての自己を問い直すことで、課題の本質に迫れるのだろう。それが思考停止状態を超えた学びの誕生である。

「20年間教室を訪問し、記録したフィールドノートと授業VTR」──学校という「現場」の動態を子細に記述。教師とともに教室からの改革をめざしてきた

第10章 「話し合い」から「学び合い」へ

本章では、「状況との対話」に注目しながら、「話し合い」と「学び合い」について考えてみたい。

「状況」とは、教室において、教師の予測や計画の枠を超えて起こる数々の「出来事」である。その小さな「出来事」は一人ひとりの子どもの内面で、いつでもどこでも起こっている。*64

1

「活発に活動するグループ」と「静かなるグループ」の学び
──思考の活動を見とれるか──

２０１３（平成25）年から２０１６（平成28）年までの４年間、私は、東京都八王子市立宇津木台小学校（当時、冨所博校長）の校内研究に年３回訪問し、先生方と協同しながら学校改革を進めてきた。

宇津木台小学校が取り組んだ「学びの共同体」の学校改革は、東京の学校（大都市圏の学校）が抱える「教師たちの同僚性を築きにくい」といった課題を超えて、明確な改革のヴィジョンと授業実践を学び合う教師の専門家共同体（professional learning community）を形成していた。[*65]

暑い夏の日、いつものように同校を訪問し、授業に参加した後、校内研修で先生方とＶＴＲを見直しながら子どもたちの学びについて話をしていた。

すると、ある先生から、「ここのところ、意味が理解できず、ずっと気になっていたことがあるんです」と切り出された。「先日、佐藤学[*66]先生に授業を見ていただいたのですが、私たちが『活発に活動しているなあ』と思うグループを佐藤先生は、『このグループは学びが起こっていない』と言われ、逆に、全く動きがないグループを見て、『このグループは学びが深まっているね』と仰っていたんですが、何が何だかわからなくて……」と疑問を打ち明けられた。

私は、「授業を見ていないので何とも言えませんが」と前置きした上で、「もう一度VTRを見直してみてください。もしかしたら動きのあるとされるグループは、ただ表面的な話し合い（「おしゃべり」または「会話」）をしていたのではないですか？ 授業は話し合いではなく、「学び合い」を目指していますから。一方の全く動きがなかったとされるグループは、大きな課題にぶつかっていたために、一人ひとりがその課題を引き受けながら、夢中になって、ずっと考え込んでいて（自己内対話）、その様子が単に動きがないように見えたのではないでしょうか」と話をした。

すると、その場の雰囲気がガラッと変わり、今までモヤモヤしていた霧が一気に吹き飛び、晴れていく様子がわかった。表面的にではなく、子どもたち一人ひとりの内面と向き合うことの大切さを先生方と共有できた瞬間であった。

「学びは静かなるところから生まれる」*67 と言われるが、このような状況を表してのことであろう。私たちは「学びの経験」よりも「活動の態度」を重視する傾向があり、[*68] アクティブに活動している子どもを積極的に評価しがちである。そして、騒々しく活動していることを「学び合い」と錯覚していることもある。

2 子どもと教師の2年後に学ぶ ―「病気(感染症)の予防」を例に―

2017(平成29)年10月24日、埼玉大学教育学部附属小学校で公開研究会が行われた。第Ⅰ部第3章で紹介した藤田徹子さんが6年生の体育科保健領域「病気(感染症)の予防」の授業を公開した。この学年は、先に紹介した4年生の2年後の姿である。

授業は、「見えない敵から身を守れるか」をテーマとして、「なぜ、病原体がもとになって起こる病気を予防するのは難しいのだろう」という問いからはじめられた。

その後、「インフルエンザ」と「感染性胃腸炎(ノロウイルス感染)」の事例カードが配布され、グループごとに、(1)感染症の起こり方の4要因(「病原体」「環境」「生活のしかた」「体のていこう力」)の検討、(2)どうすれば防ぐことができたか(問題点)を検討した。

「感染性胃腸炎(ノロウイルス感染)」の事例(6年生の声として)は、次のように提示さ

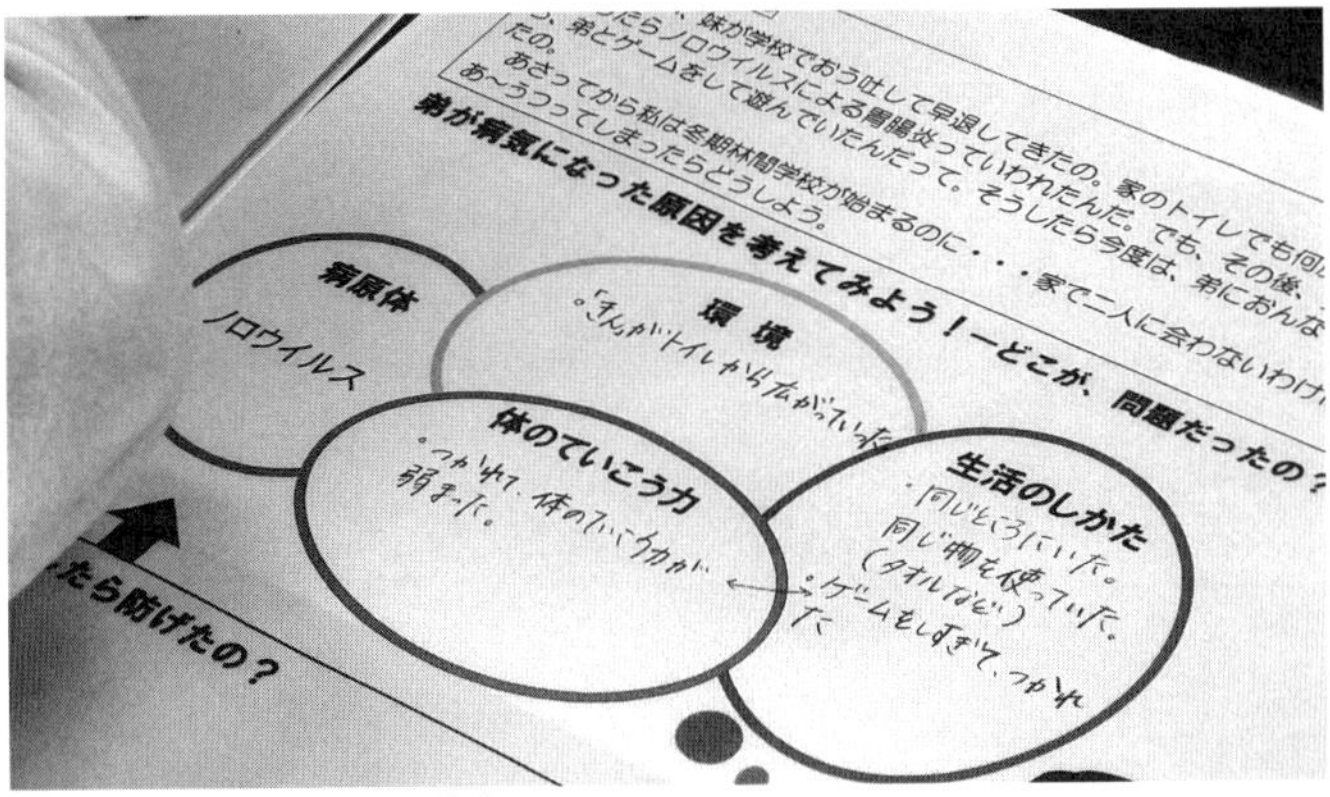

写真3-2　感染症の要因を考える

れた。

「おととい、妹が学校でおう吐して早退してきたの。家のトイレでも何度かもどしていた。病院に行ったらノロウイルスによる胃腸炎って言われたんだ。でも、その後、すぐに元気になったから、弟とゲームをして遊んでいたんだって。そうしたら今度は、弟に同じ症状が出てしまったの。あさってから私は冬期林間学校がはじまるのに……家で二人に会わないわけにはいかないし、あ〜うつってしまったらどうしよう」

みさ恵、智司、将平、涼の4人グループは、「感染性胃腸炎（ノロウイルス感染）」の原因を次のようにまとめた（写真3－2）。

①「環境」――「『きん』がトイレから広がった」
②「生活のしかた」――「同じところにいた」「同じ物を使っていた（タオルなど）」「ゲームをしすぎて、つかれた」
③「体のていこう力」――「つかれて、体のていこう力が弱まった」

その後、「どうしたら防げたのか」との藤田さんの問いに、「手洗い、うがいをちゃんとすればよかった」「しっかりと換気をすればよかった」「マスクをつける」「消毒をする」などの意見が出された。しかし、その言葉は、借りてきた言葉での表現として教室に響いていた。

この直後、教師から発せられた一言が平坦なクラスの雰囲気を一変させた。

3 「人ごと（他人ごと）」として考えられた答えを砕く

藤田さんは、「まだ人ごとなんだよね。だって、『手洗いしたらいいと思います』と言って、実際に手洗いうがいをみんなはすすんでやっていますか？」と子どもたちに問いかけた。

このタイミングで発せられた「まだ人ごとなんだよね」との一言にクラスの雰囲気が一変した。教師の一言が、子どもたちに対して「自らのこととしての切実感がなく、ただ単に話し合って答えを導き出しただけではないか」との投げかけにとらえられたのである。この一言は子どもたちを学びにつなげる力をもっていた。「人ごと」とのワードは、子どもたちが自分たちで検討して導き出した考えが表面的であったことに気づかせ、再度、自分のこととして、この課題と向き合うように迫る言葉であった。子どもの認識を引き受けながら対応した藤田さんの「人ごと」という言葉、そして次に発せられる言葉の中に、2年前から藤田さんを見まもり続けた私は、教師も子どもも「育ち・学び合う教室」の可能性を感じていた。

4　「つなぎ」「もどし」「再ジャンプ」しながら学びへ誘う

藤田実践では、先の「人ごと」の一言に続き、「それでは、もう一度、どうすればよいか考えてみましょう」と、もう一度、今日のテーマに「つなぎ」「もどし」ながら、「再ジャンプ」する課題を投げかけた。

すると、博人、昌美、和樹、咲恵のグループが頭を抱えながら導き出した考えは、「でき

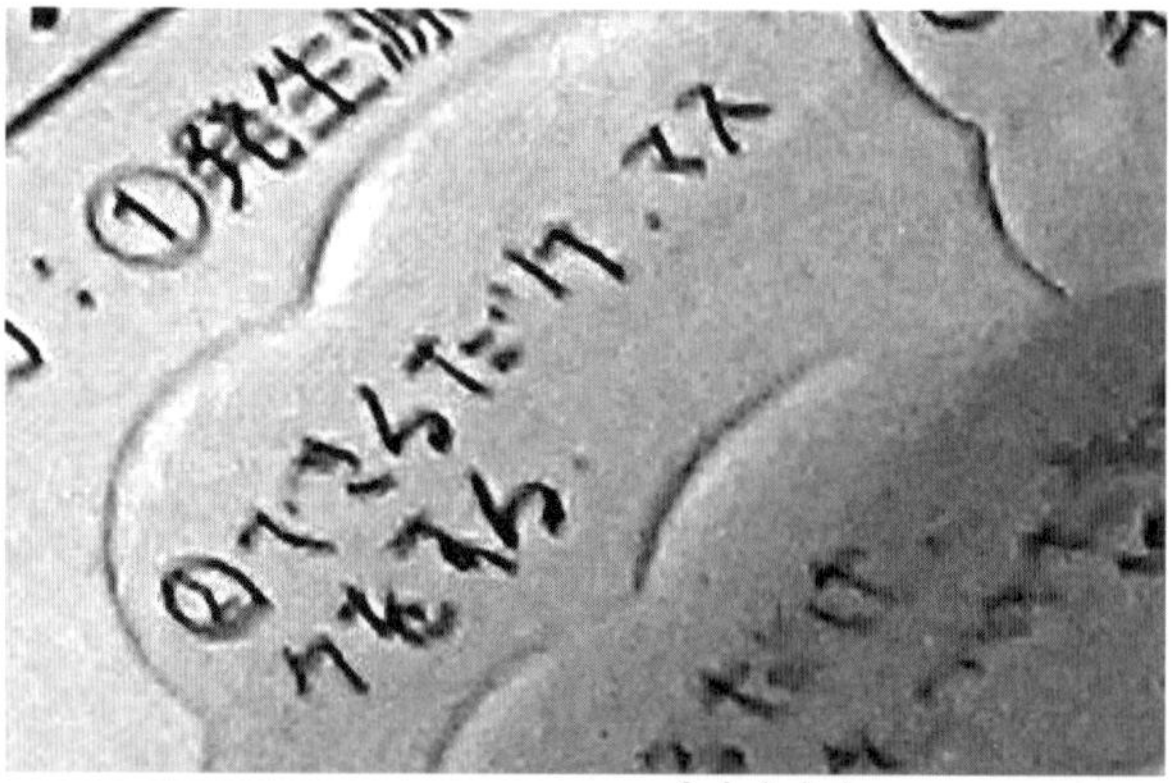

写真3-3　再考したグループの考え「できるだけマスクをする」

るだけマスクをつけた方がいい」という答えだった。このグループは、再ジャンプ前の話し合いでは、「マスクをつける」とだけ書いていたが、再考した結果では、「できるだけマスクをする」と「できるだけ」を書き加えていた（写真3‐3）。

子どもたちが導き出した「できるだけ」という言葉に込められた考えは、子どもたちがノロウイルスから身を守るために絞り出した考えの限界を示しており、同時に迷いでもあった。

授業における高い学びは、「できるだけ」に込められた意味を顕在化することであり、この意味の表現と共有こそがグループの「学び合い」の中で探求されなければならないことである。しかし、藤田さんは、これ以上の探求（「学び合い」）は行わなかった。「できるだけ」という表現は、「話し合い」から「学び合い」へと誘うきっかけとして、子どもの限界と迷いを表しているとともに、これをとりあげながら、さらに探求できなかった教師の迷いと限界でもあった。

その後、「考えられる予防方法とその理由」を各自で考えたが、「子どもは予防することはできないのではないか」と疑問をつぶやきながらも、結果として「マスクをつける」「換気をする」など、はじめにグループで考えた内容と全く変わらない考えを抽象的な表現でまとめてしまった。

「まだ人ごと」といった問いかけが「学び」を生み出す好機となりながら、他方で、「できるだけ」に表現された学びを深めるチャンスを活かすことができなかった。ここで展開されたわずか数分の出来事の中に、学びの可能性と限界の両方を見ることになった。

5 「できるだけ」を乗り越える ―「状況との対話」―

では、教師は、子どもの「できるだけ」に表現された限界と迷いをどのように学びへつなぐことができるのだろうか。

このことは「状況との対話」によって展開をデザインできるかどうかにかかっている。

例えば、「感染性胃腸炎（ノロウイルス感染）」の原因について、②「生活のしかた」で、「同じところにいた」「同じ物を使っていた（タオルなど）」と答えた子どもたちに対して、「なぜ、同じところにいたならば、感染をするのか」、または「なぜ、同じ物を使っていたら感染するのか」と問い返しながら、これに対する考えを子どもたちに表現させ、その内容の理解を確認しながら、どうして「できるだけマスクをすること」が必要なのか、その根拠と科学的認識を深めることが必要である（第I部第4章7節参照）。

実際の感染症予防対策としては、感染経路対策として、「直接接触感染」「間接接触感染」または、「飛沫感染」「空気感染」「媒介物感染」等の概念がわかっていなければ、感染と予防方法を正確に説明できない。だから、本当にこの内容がわかっているのかどうかを子どもの表現の中から丁寧に読み取り、問い返しなら学びへとつなげていくことが求められる。

授業の展開は、指導案で考えられている事前のシナリオを超えて、予期せぬ出来事の中で進む。よって、その瞬間瞬間で生み出される「状況との対話[*69]」における教師の細やかな配慮が「学び」を生み出すきっかけをつくる。

6

教師の不安はどこからくるのか
―「話し合い」のプランから「学び合い」のデザインへ―

子どもたちが授業の中で、考えをどのように表現するかは授業をやってみなくてはわからない。授業前にプランニングされる学習指導案（plan）では、「こうしよう」「ああしよう」といった計画できる範囲は限られている。その計画（plan）は、教師の頭の中で想定する仮想の「話し合い」の設定でしかない。つまり、指導案は、予想や計画の枠内で起こることを前提に作成されたものである。しかし、実際の授業は、教師の思惑や計画を裏切って展開する。

準備された指導案と実際の授業について、教育人間学の研究者である西平直は、著作『稽古の思想』の中で「準備するということ」の意味を次のように説明する。

「準備が大切と教えられたから準備するのだが、うまくゆくとは限らない。逆に、ぶっつけ本番、その場の勢いで話した時に、…反応がよかったりする。では、準備しない方がよいかといえばそうとも言えない。ぶっつけ本番が必ずよい成果をもたらすとは限らない。ということは、準備してもしなくても、いずれもうまくゆく保証はない。…うまくゆく時は、『恩寵』にあずかるように、ありがたい流れになる。…ところが、うまくゆかない時は、どうにも空気が重い。…そうした繰り返しの中で、…自分の力ですべてを操作することは不可能である。しかしある時点までは、自分で対処しうるし、対処しなければならない。その際、自分で対処すべきところで準備がないと、痛い目に遭う。しかし、その場の流れに任せるべき潮目を読み間違うと、これも痛い目に遭う。ということは、すべてを自力でコントロールする場合に備えて、シナリオを用意しておく。その準備の上で、状況に合わせて、シナリオを手放す。いわば、即興improvisation になる。…つまり、シナリオを土台としたうえで、いつでも、そこから離れるタイミングを見計らっている…準備とは、そこから離れるための踏み台であったことになる[*70]」

西平の言う「シナリオ」は教材研究であり、その土台となる踏み台は、「しっかりと固定されている方が、しっかりとジャンプ」ができる。今日の教室には、「状況に合わせて、シナリオを手放す」ジャンプが求められている。

「シナリオ」を「学び合い」につなげるには、授業前に計画だてられた範囲（plan）を越えて、実際の授業の中で生起する子どもたちの考えと表現に向き合いながら展開される出来事に対応すること（「状況に合わせて、シナリオを手放すこと」）が求められる。ここに教師の専門性（reflective thinking）を見ることができる。

ときに授業は、「学びの過程を機械的で形式的なシステムに閉じ込めることもあるし、あるいは、そのシステムの枠を壊してダイナミックに創造的な過程へと再構成する」[*71]こともある。

先にあげた藤田さんの「まだ人ごとだよね」といった言葉が子どもに届き、子どもが現時点で持てる力を使って「できるだけ」と表現した。その内容をさらに高い学びと深い認識の世界へつなぐためには、もう一度、子どもに問いかけることができる教師の力（design）が必要である。ここで再び問いかけられなかったことは、教師の限界と迷いを顕在化しており、「話し合い」(plan) から「学び合い」(design) に向けた課題を明示している。

7 「学び」を生み出す専門家 ―行為しながら考える―

私は、教師は「教える」専門家ではなく、子どもの「学びを生み出す」専門家であると考えてきた。専門家としての教師の責任は、一人ひとりの子どもの学びの実現にあり、既存の知識を効率よく教えることではない。

米国の哲学者であるドナルド・ショーン（Donald A. Schön）は、これからの専門家像を「技術的合理性（technical rationality）」にもとづく「技術的熟達者（technical expert）」の枠を越えた「行為の中の省察(reflection in action)」にもとづく「反省的実践家(reflective practitioner)」としてとらえている。[*72] 教師という専門家は、授業の中で一人ひとりの子どもの考えが複雑に絡み合う「状況と対話」をしながら、一人も取り残さずに学びへと誘うこと(No Child Alone)、そして、自らの行為を省みながら実践の中で判断できる実践的思考を有している（反省的実践家は行為しながら考える）。

この意味において、藤田実践の「まだ人ごと」といった教師の発言、そして、「できるだけ」といった子どものつぶやきと向き合いながら、行為の中で思考し、学びを生み出すところに教師の専門性がある。

さらに、「反省的実践」は、日々の授業の中で「状況と対話」することだけではなく、実践の後に、展開を振り返る「行為の後の省察（reflection after action）」を行うことでもあり、これも重要な意味を持つ。実践で見られた「自己との対話」「他者との対話」「教材との対話」

「状況との対話」等、授業後の校内研修で一つひとつ丁寧に確認し、省察することで、これからの実践に活かすことができる。

事後研究会（校内研修）における「行為の後の省察」は、実践者が実際の授業では気がつかなかったことを顕在化する活動である。先の「まだ人ごと」や「できるだけ」といった言葉が、子どもの学びとどのように関係していたのか、関係していなかったのか、行為の後でその意味を振り返ることで、行為の中で見えていなかった事実を省察し、教師は「反省的実践家」として成長する。

以上のように、これからの教師は、指導案で想定された「話し合い」（plan）を着実に遂行する「技術的熟達者」から、「状況との対話」によって「学び合い」をデザインできる「反省的実践家」へと転換が求められている。

「ペアによる学び」――「学び」は、子どもの中の出来事であって、子ども一人ひとりの内側で繰り広げられる経験である。誰も気づかないちっちゃなことかもしれないが確かな一歩である。

第11章

対話(dialogue)をデザインする

―子どもの表現を受け止め、「学び」へつなげる―

教室における学びについて、教師は子どもが表現する言葉や身体のあり方を読み取りながら授業を展開する。ここでは、子どもの表現と差異に注目しながら、学びを生み出す「対話(dialogue)」ついて考えてみたい。

「対話」とは、対等な人間関係を前提として、「双方向からの言葉が行ったり来たりする中で生まれてくる『何か』[*73]」である。そして、対話は個人個人の尊厳を基本とした民主主義の根幹と関わって、お互いの人格が認められていなければ成立しない。[*74]

「対話」によって得た経験は、その後、「なかなか話が通じない他者との出会いにおいても、共存できるという肯定感と、討論をプラスに生かそうとする意志」[*75]につながる。差異ある他者との「対話」は、お互いの声を聴くことからはじまる。

次に紹介するいくつかの場面に現れているように、「対話」の意味は、結論ではなく、結論に至るプロセスの中に求められる。

1 経験していないことを学ぶ ―きれいな「言葉」が上滑りしていく―

これまで、小学校、中学校において数多くの飲酒、喫煙、薬物乱用の授業を参観してきた。その多くは、「お酒の飲み過ぎは体に悪いことがわかりました」とか、「喫煙をしないようにしたいと思います」といった、子どもたちのこれからの決意表明で授業を終えていた。

子どもが授業で表現した意思は、教師が求めていることをそのまま表現していたり、個々の内面とつながりをもたない空洞化した「言葉」(情報伝達のための言語)として感じられることが多かった。

こうした経験の中で、私は、子どもの学びと個々が表現する言葉の意味の関係に注目するようになった。２０１７（平成29）年３月に告示された学習指導要領においても、「表現力」が注目されている。次に、子どもの「表現」について、実際場面の相互性のある「言葉」のやりとりの中に、学びの姿を確認してみたい。

２　子どもの声が聞こえない

２０１５（平成27）年、私は、埼玉県内の小学校６年生の教室を借りて、「飲酒の害」の授業を試みた（写真３‐４）。

授業は、飲酒による身体への影響として、長年にわたるアルコールの摂取、そして、低年齢からの飲酒による身体へのダメージ（害）について、アルコールとの因果関係を理解できるように準備をしていた。授業の展開では、子どもの声を聴き、個々の考えをつなぎながら学びを生み出す対話による授業を目指したはずだった。

しかし、実際の授業では、子どもの声を聴こうと心がけていても、学びにつながる声をとらえることができず追い詰められ、何とか工夫を試みるが、そのすべてが裏目に出てしまった。焦りに焦ったあげく、教師（私）から最低限理解してほしい内容を提示しながらまとめるという始末であった。*76

子どもたちの声を聴きとることができずに大失敗に終わったのはなぜだろうか。失敗は、子どもたちに学んでほしい内容を、都合よく学んでくれない展開に焦りを感じ、その結果、小さな声やつぶやきを教師である私が受け止めることができなかったことにある。つまり、「学んでほしい」という意識の強さが、いつの間にか「教える」意識へと変化していたのだろう。

「学びの声が聞こえなかった」のは、いつの間にか「教える」意識の支配の中に、「聴こう」とする態度が欠落したためである。

しかし、そうした最悪な授業であっても、VTRに収められた映像を見てみると、周縁では様々な学びが生まれていた。教師が気づかないところで、学びが生まれようとしていたのである。

3 他者の「言葉」を自身のものにする ―「飲酒の害」を例に―

先の小学校で行った「飲酒の害」の授業は、飲酒によって記憶をなくした事例（飲酒の害）

と、お酒（アルコール）の5つの効用を例示しながら（左記）、「お酒は体に良いのか？悪いのか？」という発問を子どもたちに投げかけることからはじめた。

◆飲酒により記憶をなくした事例

「牛丼店でトラブル　注意の男性客殴られ死亡[*77]」

東京の牛丼店で居合わせた男性に暴行してケガをさせたとして、警視庁は、傷害の疑いで職業不詳の男を現行犯逮捕した。意識不明の状態で病院に搬送された男性は6時間後に死亡し、同署は容疑者を傷害致死に切り替えて調べを進めている。容疑者は、入店前から酔っ払っていたと言い、取り調べに対し、「覚えていない」と容疑を否認しているという。

◆お酒（アルコール）の5つの効用

「お酒の持つ様々な効用」

- 食欲が増進する
- 血行がよくなる
- コミュニケーションが円滑になる

写真3-4　著者の「飲酒の害」の授業風景

●ストレスが緩和される
●古くから健康によいとされる

「飲酒により記憶をなくした事例(飲酒の害)」と「お酒（アルコール）の5つの効用」は、子どもの内面に相反する対立軸を作りながら、各グループで「お酒は体に良いのか？悪いのか？」という課題が検討された。

「良いのか悪いのかよくわからないなあ」というグループや、「飲み過ぎだと良くないよ」とすぐに議論をまとめてしまうグループがある中で、美希、祐輔、明日香、純一のグループでは、次のようなやりとりが行われていた（写真3-5)。

写真3-5　お互いの考えを聴き合う子どもたち

美　希　アルコールは体に悪いじゃん。
祐　輔　そうじゃなくて、あくまでも飲み過ぎが悪いのであって、アルコール自体がよいか悪いかなんだよね。
美　希　じゃあ、悪いじゃん。
祐　輔　飲み過ぎっていったら全部が悪いんだからさ、だから、お酒を飲んだ状態で車や自転車に乗るからダメなの。じゃあ、何でダメなの？
純　一　飲んだ直後はダメなのか。
明日香　弱い人はダメなのかなあ。
祐　輔　そういうことじゃない、そういうことじゃなくて、どんな人が飲んでもこうなっちゃうよっていうデメリットをあげてって言ってるの。

美　希　だから、お酒を飲むと脳が縮んで馬鹿になったりって言うよ。
祐　輔　そういうことなんだよ。
美　希　少しずつでも、ずっと飲んでいれば肝臓とか悪くなるって言うじゃん。

グループ内での子どものやりとりは、個々に思ったことがごく自然に発せられ、今生まれ出た「なま」なことばで表現されている。

その過程では、祐輔の「そういうことじゃなくて、どんな人が飲んでもこうなっちゃうよっていうデメリットをあげてって言ってるの」という発言に対して、美希の「お酒を飲むと脳が縮んで馬鹿になったりって言うよ」「少しずつでも、ずっと飲んでいれば肝臓とか悪くなるって言うじゃん」というやりとりを明日香と純一も「聴く」といった形でグループの話し合いに参加をしていた。

祐輔は、お酒（アルコール）の害には、「（身体への）直接的な害」と「間接的な害」の二つの異相があるとの重要な指摘した。それに対応したときの美希の「気づき」と、そのやりとりを聴いていた純一と明日香の「学び」を、本来はクラス全体につなぐことが教師の役割であった。しかし、私は、こうした言葉のやりとりと表現を聴きとることができなかった。

「お酒は体に良いのか？ 悪いのか？」という発問は、「お酒（アルコール）の害」と「飲酒によってもたらされる害」の間で揺れ動きながら未経験のことを想像するきっかけとなった。

経験していないからといって、外からの新たな情報（information）を知識として教えるだけでは、知識は子どもの経験や内面と結びつかず、ただ堆積するだけで、時間が経てばすぐに風化してしまう。しかし、個々の経験の差、考え方の差などから相互のコミュニケーションの中で、対話による学びを生み出していくことができれば、単に知識を教授することにとどまらない活動的な学びを保証できる。そのためには、子どもが自らの「なま」で「じか」な考えを自由に表現し、他者の考えを聴き（listening other's voice）ながら、何がわかっていて、何がわかっていないのかを考える場と機会が必要になる。そしてその表現を聴きとり、学びへとつなぐことができる教師の存在が求められる。

4 教室という場所でのコミュニケーション
―形式的な検討時間とワークシートのあり方を再考する―

前述の「飲酒の害」の授業で見られたやりとりは、一見すると普通にどこの教室でも行われている子どものやりとりのようにも思える。しかし、このような子どもたちの対話(dialogue)にはあまり気がつくことがない。その理由は、以下の二点に集約できる。

第一に、アクティブ・ラーニングへの注目以降、グループ学習が盛んになっているように見えるが、そのスタイルは、形式的に設定された枠組みの中で展開されることが多い。例えば、教師から「5分で考えなさい」といったように、限定された時間の中での思考を求めてしまうことである。この場合、子どもたちは、自分たちの考えをじっくり探求するよりも、教師の求めている答えを時間を見ながらできる範囲で選択してしまう。

第二に、課題が簡単すぎると、「対話」よりも「会話(おしゃべり)」となってしまう。

さらに、前者に見られる例として、教師は、子どもの活動的な時間の確保について、形式的に「個人で考える時間」と「みんな(グループ)で考える時間」を分けて設定することが

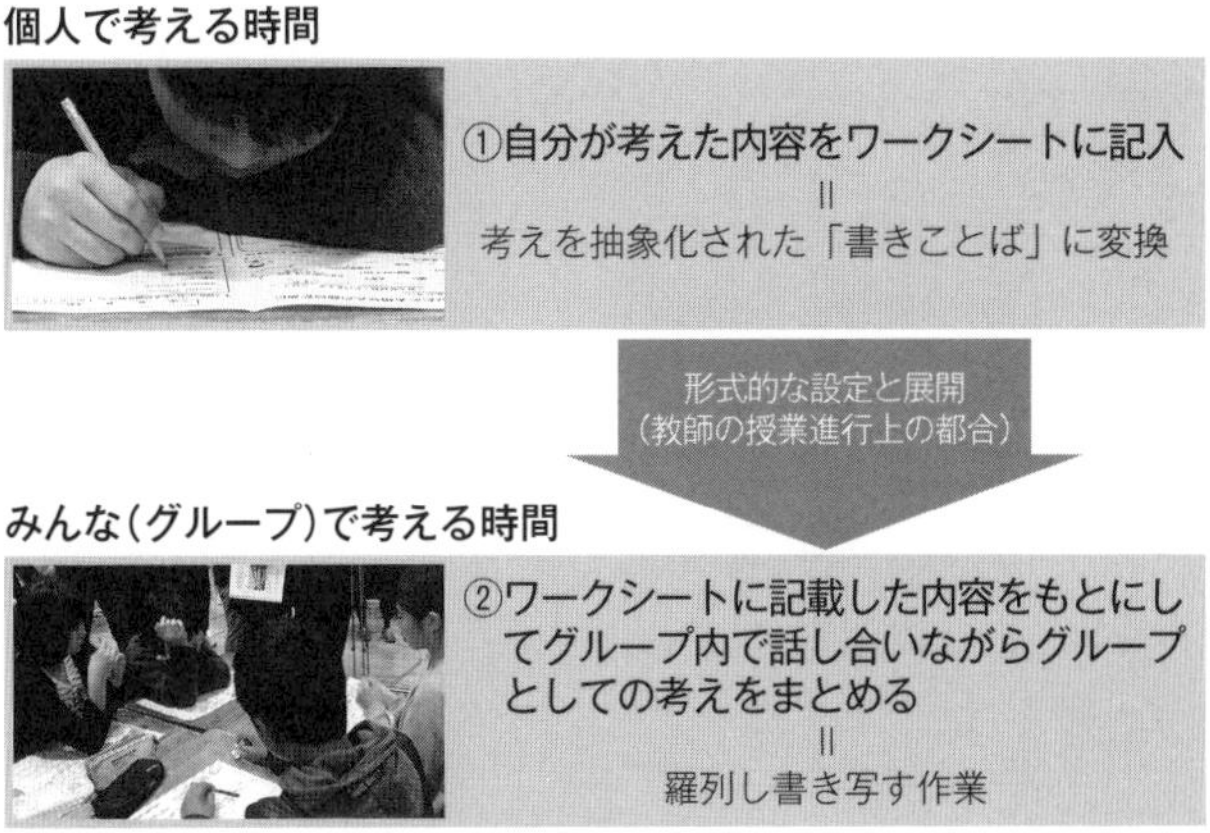
個人で考える時間
①自分が考えた内容をワークシートに記入
＝
考えを抽象化された「書きことば」に変換
形式的な設定と展開
（教師の授業進行上の都合）
みんな（グループ）で考える時間
②ワークシートに記載した内容をもとにしてグループ内で話し合いながらグループとしての考えをまとめる
＝
羅列し書き写す作業

図3-1　形式的な検討時間の設定とワークシートの使用

多い。ワークシートを使用して、はじめに、①自分が考えた内容をワークシートに記し、次に、②それをもとにしてグループ内で話し合いながらグループの考えをまとめるといった場面がそれである（図3‐1）。

私は、「個人で考える時間」と「みんな（グループ）で考える時間」を形式的に分けることや個々に配布したワークシートを使用しながら進める授業は、教師の授業進行上（評価を含めた）の都合だと思っている。

私たちは、日常で他者とコミュニケーションをとるとき、まず自分の考えを意識的に「書きことば」で紙上（ワークシート）に書き起こし、次に、紙上にまとめた自分の考えをもって他者と関わるといった形式的な方法をとることはない。しかし、教室という場所では、「個人で考える時間」と「みんな（グループ）で考える時間」を機械的に分けて設定してしまう。こうした機械的で形式的な関わり合いは、日常的なコミュニケーションのあり方からするとすごく不自然な状態であり、これによって子どもの思考活動は制限されてしまう。

日常のコミュニケーションは、「○○ちゃん、これどう思う？ どう考えた？」—「これはね、○○なんじゃないかなあ」—「え〜わかんないよ」といったように、咄嗟《とっさ》に出てくる自然な「話しことば」とそれへの応答（聴く）として現れる。つまり、意思や考えは、直接的な「話しことば」（「なま」なことば）によって表現され、これに対応（聴く）しながら、「ある言葉は合流し、ある言葉は反発し、ある言葉とは交差[*78]」しながら、相互のコミュニケーションが行われる。

さらに、教室という場所でのコミュニケーションは、自分の考えを抽象度の高い「書きことば」に変換し、紙上（ワークシート）に記した上で展開しようとする。いったん抽象化されたことば（「書きことば」）は、他者とコミュニケーションがとりにくい形（情報伝達のための言語）へと変換されているために、直接的な意思による対話が成り立ちにくくなる。結果として、「書きことば」によって、対話が生まれにくい状況が生じる。形式的な展開の中で対話が生まれにくいのはこのためである。

次に、「話しことば」と「書きことば」の関係をもう少し掘り下げてみたい。

5 「話しことば」と「書きことば」によるコミュニケーション

先に紹介した「飲酒の害」の授業では、「お酒は体によいの？ 悪いの？」と子どもに問いを投げかけただけで、教師がわざわざ「個人で考える時間」と「みんなで考える時間」に分けなくても、グループ内でごく自然に自らの考えを表現できていた。子どもは、教師が丁寧に形式的な場面を設定しなくても、「話しことば」でお互いの考えを聴き合い、表現し、響き合いながら学びを生み出す力を持っている。ここに対話の中から学びをデザインするグループ活動の意味を見いだすことができる。

教師がコミュニケーションの仕方や考え方の方法までを形式的に規制してしまう理由は、教師が「教える」ための都合と言えよう。主体性が叫ばれる今日、もっと子どもの力を信じて、議論をグループに任せることが必要なのではないか。

さらに、対話を生み出す「話しことば」と「書きことば」の関係に注目して見るならば、「話しことば」は、個々の考え（内面）がダイレクトに表現されるのに対して、「書きことば」は「話し言葉」に比べて抽象的であり、対話を生み出しにくいといった特徴がある。

学校に訪問していると、グループごとに考えをワークシートにまとめる作業（書いてまとめる作業）を目にすることがある。ここで表現される「書きことば」は、個人が考えた結果のみが箇条書きで記されていることから、そこに至る思考のプロセスが見えにくい。そのため、個人がワークシートに記した考え（導き出した結果のみ）をただ羅列したものが、グループの考え、またはまとめになってしまう。一見してグループ活動の形をとっていることから、集中して話し合いを行っているように見えるが、このまとめの作業は、出された意見を紙の上に集約し、どの意見がいいのかを選択する機械的な作業となっている。こうした作業からは、思考をともなった有機的なコミュニケーションも対話も見ることはない。

私たちは、他者の考えを「話しことば」で「聴く」ことから、グループの「参加者」となる。一方で、「書きことば」は、文字を目で見ることから「観照者」となる。

「話しことば」は、聴覚と思考・情動との結びつきが、「書きことば」の視覚とそれらとの結びつきよりも圧倒的に緊密で多彩である。よって、真のコミュニケーションは、「書きことば」よりも「話しことば」を優位に展開する。[*79]

ちなみに、'person'という言葉は、「何々を通して」という'per'とsongやsonataといった音に関することばに関係した'son'の組み合わせであり、「音を通して」響き合う存在が人間（person）であるという。[*80] このことからも、人と人の間に生まれるコミュニケーションは、「話しことば」を基本としていることがわかる。

6　「差異」の受容からはじまる学び

教師はグループ内、そして、グループ間の対話から「学び」を生み出せるように授業をデザインする。そのきっかけとなるのは、子どもの「わからない」といった表現や個々の考え方の差異である。その差異（考え方の違い）の理解や共有が学びを生み出すといってもいい。

２０１７（平成29）年11月28日に、埼玉県ときがわ町立玉川小学校を訪問し、6年生の「病気の予防」（能仲和歌子さん）の授業を参観した。

授業がはじまってすぐ、落ち着きのない一人の男の子（圭太）が目についた。圭太は、座っているのがやっとで、学習が困難であるように思われた。

授業では、「身近な人ががんになったとき、自分にできることは何かグループで考えなさい」

という問いが投げかけられた。この問いは大人でも難しい課題である。

4人グループによる活動の時間、グループの中でも積極的に自らの意見を表現する武史は「いままで通り笑顔で接する」と意見を述べ、他の子たちも同意して、これをグループの考えとしてまとめようとしていた。すると、圭太は身体をゆすりながら、ボソッと「いまが楽しければいいじゃん」とつぶやいた。その瞬間、3人はいったん沈黙し、武史が「どういうこと?」と聞き直すと、圭太はもう一度「いまが楽しければいいじゃん」と繰り返した。

圭太は、グループの3人ががん患者への配慮として、「気を遣わないような気遣い」という考えにまとめようとしていたのに対して、「そうじゃない。その人の現在《いま》を大切にしなければいけないのではないか」と、新たな視点を投げかけたのである。「がん患者に何をしてあげられるか」といった立場からではなく、「対等な関係で現在《いま》という瞬間《とき》に寄り添い、互いに楽しむことが必要なのではないか」、それが今私たちにできることではないかというのである。

日常の授業に参加が難しいとされる子が、驚くべき洞察力によって、クラス全体の学びに大きな役割を演じたのである。*81

他の子どもたちは授業が展開される中で、必死にノートをとっていたが、圭太だけは、ほとんどノートをとることなく、「聴く」ことを中心に学習に参加をしていた。一見、落ち着きのないように見える圭太だが、落ち着きがないながらも教師の話をしっかりと聴いていて、教師の発言一つひとつに自分なりに対応していた。

いつもは座っていられない圭太が、多くの参観者の前で活躍したのは、圭太の日常を知らない参観者が、彼を先入観なしに見てくれるといった安心感が学習へ駆り立てたのだろう。[*82] また、圭太のつぶやきに対する武史の「どういうこと？」と聞き直した一言は、はれ物にふれるかのように気を遣いながら発せられるいつもの言葉とは異なっていた。この一言は、「対等な人間関係の中で相互性がある話し方」[*83]として圭太に引き受けられたのだろう。だから、45分間という長い時間でも、自分の席に座っていられたのである。ここに差異ある存在の参加を認め合い、すべての子が支え合うグループの学びを見ることができる。

圭太のつぶやきは、他の子どもとは異なる視点であり、グループ内だけではなく、グループ間で共有することにより、クラス全体をさらに深い学びへと誘うことができる。

7 「小さな声」をとりあげられるか

先に紹介した圭太の例のように、子どもの「つぶやき」や小さな声は、クラス全体を学びへ誘う貴重な声である。しかし、これまで、多くの「つぶやき」は、教師が事前に計画した授業（plan）には想定されていないことであり、教師がコントロールしたい授業展開とは関係ないこととして、とりあげられずに置き去りにされてきた。

２０１９（令和元）年7月、埼玉県内の公立小学校で行われた1年生の特別活動「給食をおいしく食べよう」を参観した。ここで、教師の想定を超えた子どものつぶやきと巧みな表現に出会った。

授業は、入学して間もない1年生に「学校給食がどのように作られるか（自校方式）」その流れをビデオカメラで撮影し、調理から配膳、後片付けまでを映像で子どもに見せた。この後、教師は、「今のＶＴＲを見て、これから給食で気をつけたいと思うことはありますか」と尋ねた。

すると、子どもたちは、「調理員さんたちが作ってくれた給食を残しちゃいけない」「6年生の給食は多くてずるい」「おしゃべりしながら給食を食べてはいけない」などの意見が出された。

教師は、それらの意見をとりあげて、「そうですね、調理員さんたちが一生懸命作ってくれた給食を残さず、おしゃべりをせずに食べましょうね」と上手くまとめようとした。するど、靖は、「違うじゃん」とつぶやいた。「給食は楽しく食べるものでしょ、おしゃべりしたっていいんだよ。おしゃべりがダメなのは、給食の時間があと5分しかなくなって、それでもまだ話をしているのがダメなんだよ」と隣の千紗に語りかけていた。

1年生でありながらも、子どものつぶやきと表現の巧みさ恐るべしである。教師にとって、突発的な子どもの声は、予期せぬ出来事であり、事前のシナリオにはなかったことである。よって、この「つぶやき」が教師によってとりあげられることはなかった。靖の声は一部の子どもにだけではなく、クラス全体に響かせたい学びを深める声であった。

8 「参加」の瞬間

２０１９（令和元）年12月、宇都宮市の公立小学校を訪問し、３年生理科の「電気で明か

写真3-6　グループ活動に参加できない翔太

りをつけよう」の授業を参観した。

授業では、絶縁体を挟んだ回路では電球に明かりがつかないことを確認しながら、電気を「通すもの」と「通さないもの」の特徴を学ぶ授業であった。

茂樹、美穂、翔太、佳那のグループは、電気を「通すもの」と、「通さないもの」にはどのような共通点があるか実験をしながら個々のプリントにまとめていた。

翔太は書くことが苦手で、グループでの活動にもなかなか参加ができない様子であった（写真3-6）。

割り箸やプラスチック製のコップ、折り紙などを回路につないで、電気を「通さない」のはなぜかをグループで話し合っていると、翔太はひとり

写真3-7　グループへの参加の瞬間

だけ椅子を後ろに引いてしまい、グループに入ることができなかった。美穂は「何か言ってください」と言って、翔太をグループの話し合いに参加させようとしていた。それでも、翔太は話し合いになかなか参加できなかった。

実験では、電気を通すゼムクリップとゴムでコーティングされた電気を通さないゼムクリップが用意されており、同じクリップでも「ゴムでコーティングされたゼムクリップが電気を通さないのはなぜか」、その根拠を明確にできずにいた。

たまたま茂樹が、筆箱から塗料でコーティングされたアルミ製の定規を取り出したとき、翔太が、「貸して！」と声を発し、続いて「塗料！」と言って、身体を机に乗り出した（写真3－7）。翔太のグループへの参加の瞬間である。

翔太の「貸して！」「塗料！」との言葉には、「金属でありながらも何かでコーティングされているると電気を通さないのではないか」という予測が含まれていた。

事後研究会では、翔太が参加する場面がとりあげられて議論がされた。参観した多くの教師は、そのVTRを振り返ることで、子どものグループ活動への参加には、その子なりのタイミングと多様な関わり方があることを学んだ。

翔太のグループへの参加は、冒頭は自己内対話を中心にしており、アクティブで他者と関わるような活動ではなかった。しかし、授業の課題はしっかりと受け止めており、翔太は翔太なりの参加の仕方をしていた。

私は、授業に参加をしながら、「何とか翔太をグループの話し合いに参加させせないといけないのではないか」「教師の支援が必要なのではないか」という教師根性丸出しの考えを持っていたが、翔太のグループへの参加の姿によってこの考えは打ち砕かれた。

エピローグ

保健の「学び」の創造へ

―「授業づくり」から「学びのデザイン」へ―

子どもたちは保健の授業から何を学ぶのだろうか。

本書を執筆するにあたって、常に私の考えにあったのは、「教える」（「授業づくり」）から「学び」（「学びのデザイン」）への転換であった。いくら上手に教えても、子どもが学んでいなければ意味がない。これが二十数年間、ライフワークとして多くの学校を訪問し、私が至った結論である。

子どもが学ぶ教育実践をデザインするためには、日々子どもの学ぶ姿を観察し、教室の事実を知り、教育学をはじめとして、教育方法学や教育心理学等の蓄積、保健の教育内容・教材・教授行為・学習者の学びについての深い洞察を必要とする。

保健の授業は、授業時数が少ないことから、他教科における子どもの学びの姿から多くを学ぶ必要がある。

本書では、教室における事実を紹介しながら、具体的な場面の中で、子どもはどのように学ぶのか、また、教師は学びをどのように生み出すことができるのかについて叙述してきた。

エピローグでは、創造的な実践をデザインするために、本書の考えを支えた「学びの共同体」の学校改革についての基本的な考え方を紹介すること、そして、保健の学びにおける「真正性（教科の本質）」について考えてみたい。

1　教師が何かをつかむ ―子どもによって教師が支えられる教室―

2020年11月、埼玉県内の中学校を訪問し、保健体育科保健分野「感染症の予防」（3年生）の授業を参観した。5時間目にA組、6時間目にB組と、連続して同じ単元の授業が行われた。両授業は、次のように全く異なる展開となった。

5時間目のA組の授業は、教師が感染症予防の3原則（基礎基本）である「感染源対策」「感染経路対策」「感受性者対策」を説明し、その後、応用として課題を提示する展開であった。終盤に示された課題は、「コロナ禍において自然災害が発生し、避難所生活を送ることになった場合の感染症予防対策（新型コロナウイルス感染症に限定しない）」について3原則を用いながらグループで予防法を導き出すことであった。しかし、教師の説明が終わり、課題が示される頃には、授業から逃避している生徒、また、探求することなく義務として課題に取り組む生徒があちらこちらでみられた。これではグループでの学び合いは起きようもない。教師も3原則の説明を行っている途中で、話に飽きている生徒たちの様子を見て、つらい時間を過ごしていた。

A組の授業では、生徒も教師もお互いに苦しい時間を過ごしていた。教師から伝えられた内容は、生徒がワークシートに書き写すだけで、学びとはほど遠い授業であった。

5時間目の授業が終わり、教師は私に、同じ展開が予測される苦しい授業をもう1時間やらなければならないやりきれない気持ちを吐露した。

私は、「最後にグループに提示した具体的課題を授業の最初に問うてみてはどうか」、その上で、「生徒の声を聴きながら、わからないところが出てきたら、そのわからないところにつなげるかたちで、感染源、感染経路、感受性者の話をしてはどうか。そして、グループ活動は、1時間に5・6回は入れないと生徒たちが主体的な活動を実感することはないだろう。迷っているのであれば、課題は十分に高いのだから、思い切ってやってみてはどうだろう」と提案した。

教師は、10分休みにA組で試みた授業プランを捨て、具体的課題の提示から授業を進めることを決断した。「背伸びとジャンプ」「もどす」「つなぐ」を中心としてB組で行われた授業は高い課題に支えられながら、すべての生徒の主体的な探求活動への参加と教師の聴く行為を中心に進んだ。「感染源対策」「感染経路対策」「感受性者対策」と接点を持ちながら進められたこれらの活動は、一人ひとりの内側に確実に学びを生み出していた。

授業直後、教師から「何かがつかめたような感じがする」といった声が聞かれた。そう言わしめたのは子どもの学びの姿を見てのことである。ここに教室の出来事から学ぶことの意味、そして、実際の授業の中で、教師は何に縛られているかに気づき、教師が過去の自分の枠組みから自由になることの意味が見えてくる。

誰もが主人公（protagonist）として参加する教室（学校）の実現は、高い課題の提示によるグループ活動によって支えられる。その基礎には対話があり、対話の基礎にあるのは「聴き合う関係」である。さらに、「聴き合う関係」には「信頼（trust）」が必要であり、[*84]真実（教育内容）を探求する上で、どのような声にでも耳を傾ける誠実な態度が「聴き合う関係」をつくる。これは教師も同様で、どんな子どもの声も引き受けるからこそ、どんなことでもつぶやける子どもとの関係ができる。

私たちは、教師が子どもを支えていると思いがちだが、学びの主権者は子どもである。先の教師の苦しさは、子どもの学びの姿によって救われるのであるから、逆に、子どもによって教師は支えられている。教師が「何かをつかんだかもしれない」といった「何か」は、「学び」の主体が子どもであることへの気づきであったのだろう。

2　「学びの共同体」の〈ヴィジョン〉と〈哲学〉と〈活動システム〉

本書では、子どもの学びの様子を、「保健の『学び』との出会い」「保健の『学び』が生まれるとき」「保健の『学び』が深まるとき」の三部にまとめながら、教室の具体的な出来事を通して紹介してきた。こうした実践を支えていたのは、佐藤学が示した「学びの共同体」の考え方であった。

「学びの共同体」は「21世紀型の学校」のヴィジョンを示す概念であり、子どもたちが学び育ち合う場所、教師も専門家として学び育ち合う場所、保護者や市民も学校の教育活動に参加して学び育ち合う場所へと学校を再生するヴィジョンである。*85

「学びの共同体」の学校改革と授業改革は、〈ヴィジョン〉と〈哲学〉と〈活動システム〉によって支えられている。*86

最も優先されるべき〈ヴィジョン〉は、学校と教師の公共的使命（public mission：責任）として一人残らず子どもの学びの権利を実現し、学びの質を高めること、そして、民主主義の社会を準備することにあり、一人残らず教師の専門家としての成長を促進し、保護者や市民に信頼される21世紀型の学校を創造することである。この〈ヴィジョン〉の学校像は、子どもたちが学び合うだけでなく、教師も専門家として学び育ち合い、保護者や市民も改革に参加して学び合う学校である。その〈ヴィジョン〉を可能にするのが〈哲学〉と〈活動システム〉である。

学びの共同体の改革は、公共性（public philosophy）、民主主義（democracy）、卓越性（excellence）の3つの哲学を基礎としている。公共性の哲学とは、学校は公共的使命として、学校と教室を開かれた場所にすることを追求する哲学である。学校では、すべての教師が授業を公開し共に学び合う関係を築き、子ども一人ひとりの学びの権利を実現すること、そして教室は、多様な生き方や考え方が対話的なコミュニケーションによって交流する公共空間（public space）として開かれる必要がある。

民主主義の哲学とは、一人ひとりが尊重され、誰もが主人公として参加する学校の実現である。その基礎にあるのは対話であり「聴き合う関係」の構築である。これについては、先の事例で確認した通りである。

卓越性の哲学は、授業と学びにおいてベストを尽くし最高のものを追究する哲学（学びの質を最大限に高めること）である。そのためには、他者との協同による「背伸びとジャンプのある学び」を必要とする。

以上の3つの哲学を実現するのが〈活動システム〉である。学びの協同を可能にする「コの字型」の机の配置、聴き合う関係による対話的コミュニケーション、男女混合の4人グループ（小学校低学年ではペア学習）による協同的学び、「共有の学び」（教科書レベル）と「ジャンプの学び」（教科書レベル以上の高度の学び）による授業デザインなどが、教室の〈活動システム〉である。職員室の〈活動システム〉としては、年間最低1回は授業を公開し、子どもの学びを中心に研究する授業研究、授業研究を中心とする同僚性の構築が追究される。

さらに保護者と地域との関係においては、8割以上の保護者が授業の改革に参加し連帯し合う「学習参加」が実践される。[*87]

このような考えに導かれながら、「学びの共同体」づくりを標榜する改革に挑戦してきた学校は、2012年時点で、小学校約1500校、中学校約2000校、高等学校約200校で、全国の公立学校の約1割に達している。[*88]

私も、これらの学校を訪問し、「奇跡」とも呼ばれる成功を達成した姿を目の当たりにしてきた。[*89] 最初は、改革の処方箋として、授業実践の定型化された方式を追い求めていた。しかし、同改革の方式や技術をスタイルとして導入しても、実りある成果は得られないことに直面する学校を数多く見てきた。この失敗は、同改革を支えているのは〈ヴィジョン〉であり、〈哲学〉であり、〈活動システム〉であることを理解していなかったためである。

プロローグにて、「『学び』を豊かに生み出す営みを授業の創造としてデザインしてみたい」と記したのは、子どもの具体的な学びに即して、改革の〈ヴィジョン〉と〈哲学〉と〈活動システム〉を理解してほしかったためである。そして、学びのスタイルを一律に考えず、子どもの姿から学び、自らの実践をデザインできる視野と視角の形成を期待していたからである。

本書でとりあげた、「誰も気づかないちっちゃなこと」にも目を向けているのは、学校を訪問し、教師とともに学校改革や授業改革を進めるには、一人ひとりの内側に学びを生み出すことからはじめなければ、改革は達成できないことを痛感したからである。

その上で、保健の学びを考えるならば、「保健らしい学び」をどこに求めるべきか。国語であれば小学校における「大造じいさんとガン」や「ごんぎつね」にみられるように、具体的な文学作品を通して学びが生み出される。算数であれば、数や量の論理を中心に具体的な学びが生み出される。しかし、保健では、教科書に記載されている抽象的な内容を抽象的な情報のまま伝達してしまう。これでは「保健らしい学び」にはならないのではないか。近年、学習指導要領の改訂によって、教科についての「見方・考え方」をキーワードとして改革が進められているが、最後に、他教科のそれと相対化しながら、保健の真正なる学びに迫ってみたい。

3 今の時代を生きる私たちにとって「縄文土器」を学ぶ意味は何か

平均寿命が80歳を超えている現在、子どもたちが、今、「健康」を学ぶ意味はどこにあるのだろうか。これを考えるきっかけとして、社会科における学習内容についての「見方・考え方」を例にイメージを膨らませてみたい。

小学校社会科では、「縄文土器」を学ぶ機会がある。私たちは現代の生活を送る中で、今、なぜ縄文土器を学ぶ必要があるのだろうか。今さら縄文時代の生活に戻ることはないだろうから、少し考えただけでは縄文土器を学ぶ意味を見いだせないかもしれない。

私が縄文土器を学ぶ意味を問うているのは、過去の出来事を現在において「理解すること」の意味はどこにあるのかといったことである。

この問いは、保健において、「今なぜ、『健康』を学ばなければいけないのか」を問うことと同様に、学ぶ意味を考えるきっかけを与えてくれる。

2010（平成22）年、NHK総合テレビで「爆笑問題のニッポンの教養　爆問学問」という番組が放映されていた。同番組は、お笑いコンビ・爆笑問題（太田光・田中裕二）の二人が、その道の専門家である研究者を訪ねて「先生の研究はどのように社会の役に立っているのか」と疑問を投げかけ、議論を持ちかける内容であった。

ある放送回で、爆笑問題が縄文土器研究者の小林達雄*90を訪ねて、「今どき縄文土器の研究をして、社会のどんな役に立つんだ」と詰め寄る場面があった。すると小林先生は、縄文土

写真4-1　縄文土器（火焔型土器）
（写真提供：共同通信社）

器と弥生土器を比較して「太田君、君はここにある縄文土器と弥生土器のどちらに魅力を感じる？」と逆に問いを投げかけた。

これに対し、爆笑問題（太田光）は、「そりゃ縄文土器でしょ。だって弥生土器はそこらにある花瓶にしかみえないよ」と答えた。

すると、小林先生は、「そうだろう。弥生土器は下部に重心があって安定しているし、今、日常にあふれている花瓶のスタイルとかわらない。だけど縄文土器は容器としてお湯を沸かすにしても頭でっかちの仮分数の形をしていて、きわめて使い勝手が悪い。だから、とても合理的な生活世界の中にあるモノとは思えない。そう、今私たちが見ている合理的な世界観ではない考えが縄文時代の世界を支配していたのだろう（写真4‐1）。その思考を支えていた原理はどのようなものであって、なぜ花瓶（弥生土器）のように今日的な合理的形状に変化したのか知りたくないかね」と話を切り返した。

これらのやりとりから、縄文土器を学ぶ意味は、モノから人間の生活世界や内面的な世界観を鳥瞰《ちょうかん》することにあることがわかる。

つまり、事実のみを断片的に切り取った「情報（information：単なる縄文土器の存在）」を学ぶだけでは、「知識（knowledge）」としての意味は見えてこない。しかし、過去にあった事項を知るのではなく、それらが存在した意味とともにその豊かな精神世界をあますことなく学ぶことで、学ぶ意味もまた目の前に立ち上がってくる。これが学習指導要領改訂によって注目された「見方・考え方」の一端であり、学びの本質なのだろう。

保健も、これと同様に、学びの本質が見えていなければ、単なる「情報」の提供になってしまう。

4　『健康』を学ぶ意味」について　―実感のない学び―

2017（平成29）年3月に告示された小学校学習指導要領体育科保健領域の第3学年お

よび第４学年の目標に「健康の大切さに気付き、自己の健康の保持増進に進んで取り組む態度を養う」と記載されている。しかし、９歳、10歳の子どもたちが生活の中で「健康の大切さ」に気づくことはとても難しい。

授業に参加をしていても、子どもたちは「健康の大切さがわかった」とは言うものの、それは、表面的な意思の表明であって、本当の意味でこれを理解したのかわからない。その声は、実社会、実生活と結びついていない言葉上の表現に聞こえてしまう。私は、このような場面に出会うたびに、「教える意味」と「学ぶ意味」が共に喪失しているように感じられ、結局は、道徳的な指導になっているように見えていた。

現代において、疾病構造の変化から、慢性疾患である生活習慣病の予防に注目が集まっている。これに対応して、１９９０年代以降、保健の授業では行動科学へ傾倒しながら、予防行動や態度が重視されてきた。自らの行動によって生活習慣病は予防できる可能性があるのだから、あたりまえのこととして予防することが教育の内容とされてきた。

子どもたちは経験することのないこの「あたりまえ」の情報を素直に引き受けることを学習する。しかし、数十年先の罹患可能性を理解して、態度を示すこと、そして行動し、これを維持することはそれほど容易なことではない。

先に紹介した「縄文土器」を学ぶ意味と同様に保健の授業において、今「健康」を学ぶ意味をどのように理解したらよいのだろうか。

最後に、「『健康』を学ぶ意味」について考えてみたい。

5 行動科学はなぜ注目されるのか ―予測可能性の中を生きる―

医学、そして疫学調査により疾病と行動の因果関係が明らかになると、「予防」の名の下に合理的な健康生活に向けての態度と行動、また、合理的な生き方が求められるようになる。そして、未来を予測できるがゆえに、現在《いま》の考えや行動をコントロールする必要に迫られる。そのために必要なリテラシーの形成が、自明のこととされる健康の価値に支えられながら目指されることになる。今という時を生きていながらも、未来予測に規定された現在《いま》の行動が課題とされる。

私は、予防や健康増進を介して現在の生活を規定することを「設計的ライフスタイル」と呼び、これによって市民が同じように均質化された行動をとる生活世界を「均質的な健康空間」と表現してきた。[*91] 死亡原因の多くを慢性疾患が占める中で、1990年代以降に注目されてきた健康教育は、まさに生活習慣病を予防するための「設計的ライフスタイル」による「均質的な健康空間」を形成する試みでもあったと言える。

「なぜ予防しなければならないのか」といったことは問われることはなく、「未然に防ぐことができるのだからあたりまえに予防する」といった考えが自明のこととして日常生活の中に根づき（preconception）、自己コントロールに限局した技術的側面（skill）のみが強調されてきた。結果として、予防できるように「教えよう」、行動が起きるように「動機づけ」しようという教育意図だけが先行した。

1990年代の健康教育は、行動科学に興味と関心が集中し、それ以降、行動科学の考え方が同分野を支配したと言っても過言ではない。

授業研究における行動科学に目を転じると、リー・ショーマンは、行動科学の学びについて、「内容（content）」「認知（cognition）」「文脈（context）」の三つのCが欠落していると述べている。学びには、「抽象的で一般的な能力や技能の形成ではなく、特定の文脈で遂行される特定の内容の特定の認知の実践がある。すなわち、特定の内容や特定の認知や特定の文脈から遊離した能力や技能は、存在しない」[*92]のである。

教室では、「健康は大切であり、病気をせずに長生きするための術《すべ》を学ぶことにいったいどのような意味があるのか」がよくわかっていない子どもたちが存在するのは、教育の「内容（content）」が、個々の人生の「文脈（context）」から遊離しているために学びが起きにくい（「認知（cognition）」）状況となるからである。そのため、無条件に健康の価値とスキルを教授したところで（押し込み型の教育）、「自らがどのように生きていくのか」といった問いに納得できる根拠を提示できるところまでは至らない。「自らがどのように生きていくのか」については、これまで、保健の授業の外に置かれてきたことから、これと接点を結ばないのは当然のことと言える。

そのために立ち現れたのが、行為を目的化するために道徳的に強調された健康教育であった。技術的側面（skill）に注目した授業では、個々が「どのように生きるのか」といったそれぞれの価値観、そして経験と距離を有しているがゆえに、道徳的価値を支えとして教条的に教え込む授業が展開されてきた。

その支柱となったのが、医学研究によってデータ化されたエビデンスであった。エビデンスは自らの生活の中から導き出された知恵（idea）とは切り離された他人の経験を一般化した情報（information）であるから、どうやらそうらしい世界のこととして引き受けるしかない。そのために、医学研究によるエビデンスは私たちの目の前に行動規範として道徳的価

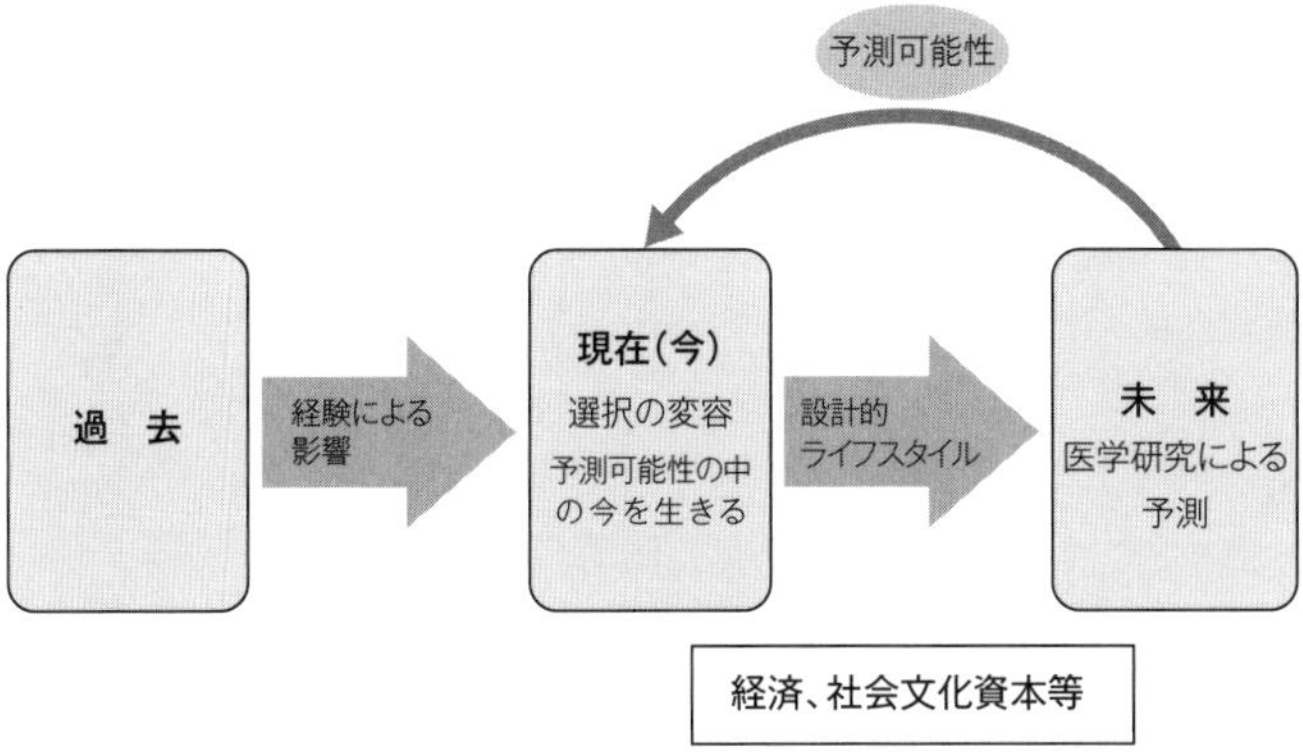

図4-1　健康教育が直面する「今」とは

値を持った情報として立ち現れる。つまり、未来予測の中で想定された「今（現在）」を生きること（予測可能性の中を生きること）が求められるのである[*93]（図４‐１）。

一方授業では、教師は今の学びにこそ責任を負わなければならない。現在の責任を放棄して、これからのことを優先する授業は、教条的な教え込みになってしまう。今を生きる私たち（または、子どもたち）にとっては、現在の自分にとって意味あることこそが重要なのである。学校で教えられる知識は、目の前で生起する学びと関係してデザインし直されなければならない。それが、結果としてこれからにつながっていくのである。

6 生きる目的と手段のズレ ―「未来志向」と「現在志向」との間《はざま》で―

近年、社会意識の地殻変動が起こっているという。21世紀を前にしたそれ以前の人々の意識は、「しっかりと計画を立てて、豊かな生活を築く」〈利〉志向）や「みんなと力を合わせて世の中をよくする」（〈正〉志向）といった未来中心の考え方であったとされる。その後、未来中心の考え方は徐々に弱まり、「その日その日を自由に楽しく過ごす」（〈快〉志向）や「身近な人たちとなごやかな毎日を送る」（〈愛〉志向）といった現在中心の考え方がより支配的になったとされる。[*94]

予測可能性の中で現在の自己を合理的にコントロールしながら生活することの意味（未来志向）は、今日の現在中心の考え方とはズレを生じさせており、これと向き合いながら経験することのない情報が道徳的価値によりながら授業の中で規範として伝達される。

道徳的価値を持った行動規範（information）をモノのように伝達するのは難しい。だからこそ、本書で確認したように対話（dialogue）が必要になる。

対話は、「新たな情報（information）との対話（対象世界との対話）」「それまでの自分との対話」「他者との対話」等、学ぶ主体にとって様々な事項と出会いながら学ぶ意味を見いだす。その出会いの場（agora）ときっかけをつくるのが授業である。

豊かな出会いを発問や教材によって子どもたちの目の前に示すことが創造的実践のはじまりである。これをデザインするには、教科について知ることと教育内容への深い洞察が必要になる。手っ取り早く、上手い方法を知れば、上手に授業ができる、といった安易な近道（メソッドやマニュアル）はない。教育は、非効率的でありながらも、「教える効率性から学びの効率性」へと発想の転換を必要としている。その子その子の考えと向き合いながら対話することが、「教える」授業から「学ぶ」授業への改革のきっかけとなる。

本書では、子どもたちの学びを中心とした授業のデザインを具体的な場面を示しながら紹介してきた。これらの内容と少しでも接点を持ち、創意的で挑戦的な実践のヴィジョンが拓けることを期待したい。

文献・註

＊1　佐藤学「学びの対話的実践へ」（佐伯胖・藤田英典・佐藤学編）『シリーズ学びと文化①　学びへの誘い』東京大学出版会、1995、49‐91頁

＊2　これを「学びの三位一体論」と表現されることもある。

＊3　東洋『子どもにものを教えること』岩波書店、1984、66‐68頁

＊4　石井順治『「学び合う学び」が深まるとき』世織書房、2012、3‐5頁

＊5　2020年、新型コロナウイルス感染症のパンデミックによって、学校が休校になった際、中学生が学校再開に向けてのテレビインタビューで次のように語っていた。「先生の授業を受けるのも楽しんですけど、早くみんなと会いたいと思っています」と。このインタビューにも現れているように、学校での授業は、生徒の受け身として認識されている。

＊6　前掲書1

＊7　佐貫浩「子どもの学びの本質に立ち帰る」（教育科学研究会編集）教育、№896、旬報社、2020、60‐67頁

＊8　佐藤学『学校の挑戦―学びの共同体を創る―』小学館、2006、46‐48頁

＊9　「学びの共同体」の学校改革は「公共性の哲学」「民主主義の哲学」「卓越性の哲学」の三つの哲学を掲げ、教室では「協同的学び」、職員室には「同僚性の構築」、保護者と市民の「学習参加」という活動システムによって実践されている。このヴィジョンと哲学と活動システムの三位一体によって、学びの共同体の学校改革は、その独自性を主張している（前掲書8、8‐11頁）。

＊10 佐藤学『学び その死と再生』太郎次郎社、1995、24‐28頁
＊11 朝日新聞2004年5月2日「折々のうた」から（または、大岡信『新折々のうた8』岩波新書、2005、45頁）
＊12 大田堯『「はらぺこあおむし」と学習権―教育基本法の改正に思う―』一ツ橋書房、2007、39‐40頁
＊13 マイク・サラー（せな あいこ訳）『しりたがりやのふくろうぼうや』評論社、1992
＊14 ガート・ビースタ（上野正道監訳）『教えることの再発見』東京大学出版会、2018、147‐151頁（Gert J. J. Biesta "The Rediscovery of Teaching" Routledge, 2017, pp. 96-98）
＊15 この言葉を聞くたびに、二十世紀以降の社会が技術の支配に服し、技術化される時代の象徴として、マックス・ウェーバーが「精神のない専門人、心情のない享楽人」と名づけたことが思い出される（マックス・ヴェーバー：大塚久雄訳『プロテスタンティズムの倫理と資本主義の精神』岩波文庫、1989）
＊16 前掲書10、33‐35頁
＊17 吉見俊哉『平成時代』岩波新書、2019、251頁
＊18 東京大学教育学部附属中等教育学校編『学び合いで育つ未来への学力―中高一貫教育の新しいデザイン―』明石書店、2008
＊19 前掲書8、8‐17頁
＊20 ヴィゴツキー（土井捷三・神谷栄司訳）『「発達の最近接領域」の理論―教授・学習過程における子どもの発達―』三学出版、2003

＊21 『ノーマン・ザ・スノーマン』太陽企画・エクスプローラーズ ジャパンhttp://normansnowman.com（最終アクセス ２０２０年1月12日）各地のプラネタリウムで放映されているこの物語は、「少年」と雪ダルマの「ノーマン」の旅物語で、「少年」は「ノーマン」にオーロラを見せてもらうため、ある夜、母親の目を盗んでベッドを抜け出し、冬山へ旅に出る。旅の途中、偶然サンタクロースと出会い、「少年よ、旅は好きか？」と尋ねられる。少年は、旅に不安を抱きながらも、「僕はもう大きくなったから一人で旅ができるもん」と強がって答えたが、サンタクロースは、「少年よ、大きくなったから旅ができるのではない。大きくなるために旅に出るんじゃ」と諭される。

＊22 苅谷剛彦『大衆教育社会のゆくえ―学歴主義と平等神話の戦後史―』中公新書、１９９５

＊23 秋田喜代美『学びの心理学―授業をデザインする―』左右社、２０１２、38-43頁

＊24 佐藤雅彰・佐藤学『公立中学校の挑戦―授業を変える 学校が変わる―』ぎょうせい、２００３、12-28頁

＊25 大瀬敏昭・佐藤学『学校を創る―茅ヶ崎市浜之郷小学校の誕生と実践―』小学館、２０００／前掲書24／前掲書18／前掲書8などを参照

＊26 前掲書1

＊27 小学校低学年は2名のペア学習が中心となり、徐々に3名、そして4名のグループ活動に移行する。クラスの人数によって4名グループが作れない場合は3名グループとしている。

＊28 ミハイル・バフチン『小説の言葉』平凡社、１９９６、67-68頁

＊29 佐藤学『改訂版 教育の方法』放送大学教育振興会、２００４、74-75頁

＊30　前掲書23、142-151頁

＊31　竹内常一『ケアと自治 新・生活指導の理論 学びと参加』高文研、2016、149頁

＊32　藤岡信勝「教材研究」（安彦忠彦他編集）『新版 現代学校教育大事典2』ぎょうせい、2002、358-359頁

＊33　三億円事件：1968年12月10日に、東京府中市で発生した窃盗事件。1975年に時効が成立した未解決事件で、昭和の怪事件として注目され、後に、ノンフィクションとしてだけではなく、数多くのドラマ作品等でとりあげられる。

＊34　佐久間勝彦：「Ⅱ『自由について』の授業」『社会科の授業を創る―社会の目を開く教材の発掘―』明治図書、1985、41-78頁、および、森昭三：「保健教育学の構想―自分史と関わって―」、学校保健研究第40巻第6号、1999、509-514頁

＊35　長岡清「三権分立―三権の長は給与も平等か―」（板倉聖宣監修）『入門 日本国憲法と三権分立』仮説社、2010、35-52頁

＊36　鹿毛雅治『授業という営み―子どもとともに「主体的に学ぶ場」を創る―』教育出版、2019、144-148頁

＊37　横須賀薫「授業の展開とその技法」『講座日本の学力12』日本標準、1979、117-119頁

＊38　NHKスペシャル取材班『老人漂流社会―他人事ではない〝老後の現実〟―』主婦と生活社、2013（NHKオンデマンド放送 https://www.nhk-ondemand.jp/goods/G2013047266SA000/（最終アクセス 2020年5月3日）

＊39　同前

＊40 ジョルジョ・アガンベン：高桑和巳訳『ホモ・サケル―主権権力と剥き出しの生―』以文社、２００３（Giorgio Agamben: Homo Sacer il potere sovrano e la nuda vita, Giulio Einaudi Editore S.p.A, 1995)

＊41 前掲書23、97－１０４頁

＊42 デューイ（J. Dewey：20世紀を代表する米国の哲学者で、プラグマティズムを代表する教育思想を展開）が示した「学習（learning)」の概念。

＊43 前掲書23、97－１０４頁

＊44 厚生労働省「がん対策推進基本計画」（平成24（２０１２）年6月）https://www.mhlw.go.jp/bunya/kenkou/dl/gan_keikaku02.pdf（最終アクセス ２０２０年1月14日）

＊45 臓器を特定せずに授業を展開したのは、臓器別の学習意図が目的ではなかったことを補足しておく。

＊46 国立がん研究センターのデータでは、20代・30代のがん発症者の8割は女性と報告されている（国立がん研究センター：院内がん登録 小児・ＡＹＡ世代がん集計について、２０１９年10月18日)。

＊47 ＮＮＮドキュメント「私…がんになりました。―アナウンサーの乳がん闘病記―」中京テレビ http://www.ntv.co.jp/document/backnumber/archive/post-139.html（最終アクセス ２０１９年12月９日）

＊48 白銀一彦「教具」（今野喜清・新井郁男・児島邦宏編）『第3版 学校教育辞典』教育出版、２０１４、２４５－２４６頁

＊49 ドナルド・ショーン（佐藤学・秋田喜代美訳）『専門家の知恵―反省的実践家は行為しながら考える―』ゆみる書房、２００１（Donald A. Schön "The Reflective Practitioner: How Professionals Think in Action" Basic Books. 1983).

＊50 前掲書22

＊51 前掲書10、44‐47頁

＊52 古屋和久『「学び合う教室文化」をすべての教室に―子どもたちと共に創る教室文化―』世織書房、2018、170‐171頁

＊53 同内容は、これまで中学校2年生の内容であったが、2017（平成29）年告示の学習指導要領では中学校3年生の学習内容として位置づけられた。

＊54 前掲書10、39‐43頁

＊55 チッソ株式会社は、会社名の変更があるが、ここでは統一して「チッソ株式会社」として表記している。

＊56 緒方正人：1953年熊本県芦北町生まれ。水俣病患者の未認定運動に身を投じたが、訴訟を離脱、「本願の会」を発足させて独自の運動を展開する。不知火海で漁を続ける。

＊57 緒方正人『チッソは私であった』葦書房、2001、66頁

＊58 鹿毛雅治『授業という営み―子どもとともに「主体的に学ぶ場」を創る―』教育出版、2019、144‐145頁

＊59 ハンナ・アーレント（大久保和郎訳）『新版 エルサレムのアイヒマン―悪の陳腐さについての報告―』みすず書房、2017（Hannah Arendt: Eichmann in Jerusalem: A Report on the Banality of Evil, The Viking Press, New York, 1963）

＊60 佐藤学『教育改革をデザインする』岩波書店、1999、197‐199頁

＊61 熊野純彦『差異と隔たり』岩波書店、2004、v‐vii

*62 前掲書57、42-46頁

*63 前掲書57、42-46頁

*64 稲垣忠彦・佐藤学『授業研究入門』岩波書店、1996、48-52頁

*65 佐藤学『学び合う教室・育ち合う学校〜学びの共同体の改革〜』小学館、2015、64-71頁、114-121頁、162-169頁

*66 佐藤学：学習院大学特任教授、東京大学名誉教授、日本教育学会元会長。学びの哲学にもとづき「学びの共同体」による学校改革を提唱・推進している。宇津木台小学校訪問の様子は、『学び合う教室・育ち合う学校〜学びの共同体の改革〜』（小学館、2015、64-71頁）を参照。『教師たちの挑戦―授業を創る 学びが変わる―』『学校の挑戦―学びの共同体を創る―』（小学館）等の多数の著作がある。

*67 佐藤学『教師たちの挑戦―授業を創る 学びが変わる―』小学館、2003、202-205頁

*68 前掲書60、99-100頁

*69 前掲書49

*70 西平直『稽古の思想』春秋社、2019、5-7頁

*71 前掲書64

*72 前掲書49

*73 暉峻淑子『対話する社会へ』岩波新書、2017、18頁

*74 同前、89-91頁

*75 前掲書73、91頁

*76 前掲書10、39-43頁にも同様の経験が語られている。

＊77 朝日新聞 朝刊2015年10月17日（一部改変）
＊78 前掲書31、120頁
＊79 谷川俊太郎・佐藤学「ことばはからだぐるみで—できあいの物語を拒絶する—」『身体のダイアローグ』太郎次郎社、2002、84‐98頁
＊80 大田堯『かすかな光へと歩む—生きることと学ぶこと—』一ツ橋書房、2011、63‐68頁
＊81 前掲書10、35‐38頁
＊82 前掲書10、35‐38頁
＊83 前掲書73、v‐vi
＊84 デボラ・マイヤー（北田佳子訳）『学校を変える力—イースト・ハーレムの小さな挑戦—』岩波書店、2011（Deborah Meier "The Power of Their Ideas Lessons for America from a Small School in Harlem" Beacon Press books, 1995）
＊85 佐藤学『学校改革の哲学』東京大学出版会、2012、119‐139頁
＊86 佐藤学「プロローグ 学びの共同体と体育の学び」（岡野昇・佐藤学編著）『体育における「学びの共同体」の実践と探究』大修館書店、2015、x‐xviii
＊87 同前
＊88 前掲書85、および、佐藤学『学びの共同体の挑戦—改革の現在—』小学館、2018、13頁
＊89 前掲書25
＊90 小林達雄：1937年新潟県生まれ。文化庁文化財調査官、國學院大學文学部教授を経て、新潟県立歴史博物館名誉館長。著作に『縄文土器の研究』（学生社）、『縄文人の世界』（朝日選書）、『縄文の思

考』（ちくま新書）等がある。

＊91　七木田文彦『健康教育教科「保健科」成立の政策形成―均質的健康空間の生成―』学術出版会、２０１０

＊92　佐藤学「5 持続可能性の教育における学びの特質」（佐藤学・木曽功・多田孝志・諏訪哲郎編著）『持続可能性の教育―新たなビジョンへ―』教育出版、２０１５、９‐12頁／佐藤学『教育方法学』岩波書店、１９９６、47‐50頁

＊93　七木田文彦「経験と切り離された身体の行方―健康をめぐる近代的身体の一断面―」（寒川恒夫編著）『近代日本を創った身体』大修館書店、２０１７、２２５‐２６０頁

＊94　吉見俊哉『ポスト戦後社会』岩波新書、２００９、87頁

あとがき

10年ほど前であったか、非常勤講師として勤務する大学の「教育方法学」の講義を担当していたとき、課題に取り組むグループ活動の様子と私が発する問いへのレスポンスから、「学び方が上手だなあ」とある学生が気になっていた。その学生に目がとまったのは、本書でもふれた「聴く」「つなぐ」「もどす」といった学びのスタイルを自然に体現していたためである。休み時間にその学生と話をすると、彼は富士市立岳陽中学校の卒業生だという。「学びの共同体」実践校での「学び」が大学生になっても息づいていたのである。そのとき、私は、NHK・EテレのETV特集「輝け二十八の瞳～学び合い 支え合う教室～」（2012年2月5日放映）で知られる古屋和久さん（当時、身延町立大河内小学校）がめざした学び合う教室の話を思い出した。

「人間社会を考えてみれば、いろんな考えをもった人もいるだろうし、これから世界がどうなっていくかわからないけれど、日本人だけで何かをするっていうこともないだろうし、だから異質な人間が集まるっていうのはごく自然なこと。そういう人間が集まっているんだから考え方の違いがあるだろうし、性格の違いもあるわけだし、そういう人たちが集まって、それぞれ付き合い方を学んでいかなければいけない。たとえば見ず知らずの4人が何かのことで集まったときに、その4人が生きる環境を誰かにあたえられるんじゃなくて、そこに集まった4人がつくっていく、そういう力かな。そういう関わり方が自然にできるようになってもらいたいよね」

教師が子どもたちと共に探求した「学び合う教室文化」とその実践は、間違いなく一人ひとりの内側に豊かな学びを生み出していた。

＊　＊　＊

本書は、2010年に上梓した拙稿『健康教育教科「保健科」成立の政策形成―均質的健康空間の生成―』（学術出版会）に続く二作目にあたる。前作で、私は、史的アプローチにより「保健科」の成立過程と、同教科の成立に至る社会構造の特徴を明らかにした。

私はそこでの課題として、「批評の上に記されるべき代替の考えや今後の明確なヴィジョンについては十分に示せていないのではないかと思う」と記した。約10年前のことである。

「代替の考えや今後のビジョン」というのは、批評の上にデザインされる実際の保健授業のことで、実践の視点から見るならば、前著は保健教育学序説にあたる研究でもあった。

これに対して、本書は前書の課題を受けて、実践的課題にアプローチしたものである。恩師である森昭三先生から大学院進学時に「七木田君の研究は実際の教育現場においてどのような意味を持っているのか」と問われ、私は答えに窮した。この問いは、明確な実践のヴィジョンがないままに、断片的な研究を行っていた私の浅はかな考えを露呈した。

これ以降、研究の問いは、授業において子どもの学びを観察しながら考えることであり、ビデオカメラを片手に行動する研究者として教室に身を置くようになった。最初は授業のどこを見てよいのかわからないまま、単に授業を映像に収めていた。それから20年近くが経過し、実践研究としてまとめたのが本著作である。

本書執筆のきっかけとなったのは、東京大学大学院への進学を機に「学びの共同体」と出会い、学校改革の現実を目の当たりにしたことである。この改革をデザインした佐藤学先生の考えには同大学院へ進学する前に接していたが、実際に教室で目にした一つひとつの学びの事実とそこに生起する希望は、今後の改革を示すヴィジョンであると感じた。

ときは、パソコンにSPSSを簡単にインストールできるようになったことで、保健授業を量的データで処理しながら、これをエビデンスとして授業を一般化し普及させようとする研究が保健授業の実践研究として試みられようとしていた時代である。自戒を込めて言うならば、授業という営みに対して浅薄な考えの中で私が初めて書いた論文「保健授業評価票作成の試み—中学校の授業評価構造に着目して—」(学校保健研究第44巻第1号、2002、44-55頁)も時流にのって書いた論文であった。残念ながらこうした方向性は、授業の一般化といった考えやモデル授業の探究ベクトルとして、今も同研究分野の考えを席巻し、都合よく実践研究の冠を装っているように見える。そして、保健教育研究の現状を見ても、研究者・実践者の短期的業績評価が重視される中で、当時と何も変わっていないどころか、こうした傾向でなされる研究がより多くなっているようにさえ感じられる。

本書に記した実践やその理解は、量的データによる授業一般化の方向ではなく、人と人のアクチュアルな関係に注目しながら続けてきた実践研究の一端である。

先に記したように、私は史的アプローチによる研究を先行して行っていたように見えるため、保健教育・学校保健における専門分野では歴史研究者として認識されているかもしれない。しかし、歴史研究者がなぜ実践研究をしているのか、といった見方は、史的研究と教育実践とは無関係であると見られてきたことや、実践とは遠い位置関係にある「歴史」(過去のこと)といった認識から生じるものである。

史的研究を支えているまなざしは、常に「現在への問い」であり、実践の場に足を運び、感じ、考えたことによって支えられた「日常世界に足場を置いた歴史学」とも言える（「連載 学校保健における歴史・原理のメソドロジー」学校保健研究 第62巻第1号‐第6号、2020‐2021年参照）。つまり、目の前の現象は、制度であれ、慣例であれ、文化であれ、歴史性を負った現象の一コマである。こうしたことから、史的研究と実践研究は、私の認識では密接不可分であり、一方を欠いてはどちらも成立しない。その意味において、前者を序説とするならば、後者を本説として位置づけることもできる。

先達である師からの問いと前著作で負った課題に対する私なりの考えを今ここに表現する機会をいただいた。前作とあわせて手にしてもらえればと思う。

＊　＊　＊

本書は、2017年4月から2018年3月にかけて雑誌『健康教室』（東山書房）に連載した「保健授業の創造とデザイン―生きた教室の記録・フィールドノートから―」の12編と雑誌『体育科教育』（大修館書店）の2019年8月号に掲載された「保健の学びをデザインする」の既発表論考を大幅に構成し直し、新たな章と節を加筆したものである。

連載については、貴重な執筆の機会を与えていただいた東山書房の前田哲哉さんに感謝致します。一冊の著作としてまとめるにあたっては、読者、編集者のそれぞれの視点から貴重な意見をいただいた大修館書店編集第一部の高山真紀さん、そして、保健授業についての実践的な視点の価値と学界を鳥瞰しながら著作として世に送る意義を理解して、編集から刊行まで導いてくださった大修館書店編集第三部の松井貴之さんに心から感謝の言葉を記したい。松井さんには、遅れがちな私の執筆活動を辛抱強く見まもっていただいた。課題を共有できる編集者の存在はとても心強かった。

本書の執筆にあたっては、前著に続いて、刊行に言葉を寄せていただきました佐藤学先生に感謝申し上げます。本書は、「学校は『教育の現場』である。そして、どのような教育改革の政策も理論も評論も『教育の現場』である学校でしか、その機能を現実化しない」、だから「学校という『現場』の動態を子細に記述することによって、今日の教育改革の動態を学校レベルで検証し、その可能性を探りたい」とする佐藤先生の考えとの出会い、そして、「学びの共同体」実践校における実践と教室における子どもたちの学びの姿なくしては執筆することはできなかった。

これまで、八王子市立宇津木台小学校や宇都宮市教育委員会教育センターの校内研修サポートに参加をした学校をはじめとして多くの学校を訪問し、教師と一緒に学校改革に取り組んできた。関係したすべての方のお名前を記すことはできないが、ここに感謝の意を表したい。

また、森昭三先生には、教育の問いは「教育の現場からはじまる」といった考えのもと、雑誌連載時、掲載された論考に毎月コメントを寄せていただいた。その内に秘めた優しさと厳しさは、思い起こせば、先に紹介した大学院時代に投げかけられた問いから今日に至るまで、保健教育研究、保健授業研究の現状、またその組織や構造への憂いであったと思う。小倉学、森昭三といった先達が戦後の保健教育研究として考えた「制度的現実に依拠して解決を目指す立場」と「具体的現実に依拠して解決を目指す立場」の交叉点を俯瞰しながら、本書は教育実践の編み直しと「学びの質」につながる実践の創造に新たな道筋をつけられたであろうか。多くの方から批評を受けたいと思う。

最後に、連載原稿の入稿前に最初に原稿を目にして意見をくれたのが妻の智美であった。どうしても難しい文章表現になりがちなところを、読者の目線に立って指摘をしてくれた。

このように、幾重にも偶然と必然が絡み合いながらやっと一冊の著作としてまとめることができた。この場をかりて様々な出会いと協力に感謝したい。

[著者紹介]

七木田文彦（ななきだ ふみひこ）

1974年、岩手県盛岡市生まれ。山形大学教育学部卒業。筑波大学大学院体育研究科修士課程修了。東京大学大学院教育学研究科修士課程・同博士課程修了。博士（教育学）。

宇都宮大学教育学部専任講師を経て、2007年より埼玉大学教育学部准教授。

〈主な著作〉

『健康教育教科「保健科」成立の政策形成―均質的健康空間の生成―』（学術出版会、2010年）、『雑誌「養護」の時代と世界―学校の中で学校看護婦はどう生きたか―』（大空社、2015年、共著）、『近代日本を創った身体』（大修館書店、2017年、共著）など。

保健授業《ほけんじゅぎょう》の挑戦《ちょうせん》　―学《まな》びの創造《そうぞう》とデザイン―

NDC375/xvi, 239p/19cm

初版第1刷発行――2021年5月1日

著　者――七木田文彦《ななきだふみひこ》

発行者――鈴木一行

発行所――株式会社 大修館書店

〒113-8541　東京都文京区湯島2-1-1

電話 03-3868-2651（販売部）　03-3868-2299（編集部）

振替 00190-7-40504

[出版情報] https://www.taishukan.co.jp/

装　丁――石山智博

カバーイラスト――岡部哲郎

本文デザイン・組版―加藤　智

印刷所――横山印刷

製本所――ブロケード

ISBN978-4-469-26905-5　Printed in Japan